A FIRST COURSE IN LITERARY CHINESE

A FIRST COURSE IN LITERARY CHINESE

文言文入門

by Harold Shadick
with the collaboration of
Ch'iao Chien

謝迪克 喬健 編著

Volume I

CORNELL UNIVERSITY PRESS
ITHACA AND LONDON

First published 1968 by Cornell University Press

The research reported herein was performed pursuant to a contract with the United States Office of Education, Department of Health, Education, and Welfare.

Cornell University Press strives to use environmentally responsible suppliers and materials to the fullest extent possible in the publishing of its books. Such materials include vegetable-based, low-VOC inks and acid-free papers that are recycled, totally chlorine-free, or partly composed of nonwood fibers. For further information, visit our website at www.cornellpress.cornell.edu.

ISBN-13: 978-0-8014-9837-4 (pbk.: alk. paper)
ISBN-10: 0-8014-9837-6 (pbk.: alk. paper)
Library of Congress Catalog Card Number 68-16389

Paperback printing 20 19 18 17 16 15 14

C O N T E N T S

Volume I

Volume II

Volume III

LIST OF MAPS AND TABLES

PREFACE

This book is intended to provide a foundation in the grammar of classical Chinese on which the student who plans to specialize in classical studies can build, and to give the student of modern Chinese sufficient knowledge of literary Chinese for his purposes.

The material has been developed over the past twenty years for use in the course "Introduction to Classical Chinese," at Cornell University, where students of Chinese history and literature normally begin their study of the literary language after one year of modern Chinese, and students in modern fields after two years. It is therefore assumed that the student can already pronounce Chinese words, use a system of romanization, read and write a few hundred Chinese characters, and understand simple passages of modern Chinese. Texts 1 - 22 constitute the core of the course. With the accompanying Exercises they provide material for about forty class sessions, thus leaving time in a normal academic year to take up a selection from Texts 23 - 34 and the Additional Texts A - N.

The language studied in this book took shape in the latter half of the first millennium B.C. and persists as a living medium of expression today. Bernhard Karlgren has said of it: "All grammatical expedients which have been current at any time in the past, can be used promiscuously in the literature of later epochs." Most of the first twenty-two Texts are from classical works of the formative period when the basic syntax was established. The remaining Texts illustrate later grammatical forms and contain subject matter of considerable variety.

The Outline of Grammar in Volume III is distantly related to my Structural Analysis of Literary Chinese, written with the collaboration of Wú Hsīn-mín (Mrs. John F. Brohm) and published in 1950. There the analysis centered on the establishing of five fixed positions that can be distinguished in a maximum simple sentence. In the present system of grammar I have refined on this by adopting the method of immediate constituent (IC) analysis expounded in the Course of Modern Linguistics by my colleague Charles F. Hockett. The student is urged at an early stage in his study to read Chapter 1 of the Outline, "Principles Operative Throughout," where this method is described in simple terms as it has been applied to the syntax of literary Chinese.

My overriding concern has been to provide the student with helps that will spare him in the early stages of his study the time-consuming dictionary grubbing and the frustrating guessing-game uncertainty that have been the fate of generations of his predecessors. It would be overoptimistic to suppose that after mastering all the material in this book the student will be able to read freely in any literary text that he may take up. Wide reading is necessary to develop familiarity with the vast accumulation of set expressions and special turns of phrase upon which the writer of literary Chinese draws. After working through this course the student should be equipped to recognize the syntax of most of the constructions he will encounter. Before attempting to read unannotated texts in his field he would be well advised to go rapidly through more texts for which time-saving vocabularies and reliable translations are available.

I am happy to acknowledge a debt of deep gratitude for help of various kinds given me unstintingly by many scholars in the field. Chào Yüán-rèn gave me without reservation the material he once prepared for a course in literary Chinese. Several of his ideas are incorporated in the Vocabularies and the Exercises; from him comes also the system of dividing the Texts into numbered segments, which has proved most useful for reference purposes. He also gave me a copy of the manuscript of his Grammar of Spoken Chinese, which applies the immediate constituent method to the modern language. His influence will be apparent to readers of the Outline of Grammar. In the early stages of the work, conversations with Peter Boodberg, with the late George Kennedy and with Walter Simon, were extremely helpful. Yáng Lién-shēng and Hans Frankel kindly wrote critical notes on the Structural Analysis. A. C. Graham wrote similar notes on some of the present Vocabularies. The Cornell linguists Charles F. Hockett, Nicholas C. Bodman, R. B. Jones and John McCoy gave invaluable advice at various times. Wú Shìh-ch'āng, Chōu Fă-kāo, Hsü̆ Shìh-yīng and Kù Tūn-jóu gave of their time to the discussion of my problems. Wáng Líng read much of the Commentary and suggested many improvements. Chèng Ch'iēn and Hsiào Chì-tsūng helped with Commentaries 16 and 27 (on poetry). Richard C. Howard provided the biographical and bibliographical information in Commentaries 29 and 30 (on K'āng Yŭ-wéi and Sūn Wén).

The grammar books that have been most useful to me, apart from those by Chōu Fǎ-kāo and Yáng Shù-tǎ listed on pages 213-214, are: 劉景農，漢語文言語法，北京，中華書局 (1958)；楊伯峻，文言語法，北京，北京出版社 (1956)；王力，漢語史稿，北京，科學出版社 (1957)；呂淑湘，中國文法要略，上海，商務印書館 (1941); W.A.C.H. Dobson, Late Archaic Chinese, University of Toronto Press (1959).

Ch'iáo Chièn was my chief collaborator from 1961 to 1964. He helped select the texts. He proposed presenting the rudiments of the grammar in connection with some simple Texts, and to this end adapted or wrote the first six Texts and made the first draft of the Commentaries on them. He contributed substantially to the development of the grammatical analysis and took the initiative in writing preliminary drafts of some sections of what appears now as the Outline of Grammar. I have rarely departed from the solutions to problems that we agreed on, but the final form of the Outline is my sole responsibility.

James P. Wáng, Mǎ Kuāng-héng, John C. Y. Wáng and Wong Kam-ming as teaching and research assistants have contributed to the making of the book. Wong Kam-ming helped in the final stage of the writing of the Outline and prepared the Index to Function Words. Chāng Yǜ-húng wrote the characters that harmonize so well with the typescript. Robert Irick kindly arranged for the Texts and Exercises to be printed in Taiwan. No praise could be too lavish for the patience and care exercised by two members of the staff of the Department of Asian Studies at Cornell: Tazu E. Warner, who typed innumerable preliminary versions of the material, and Margaret S. Merrell, who typed the final copy ready for photographic reproduction. My wife, Helen, has throughout been a valued critic, intolerant of jargon and ambiguity. She also proofread most of the camera-ready copy and checked all the cross references in the Vocabularies.

This enterprise could never have been carried to a conclusion without the following financial support. A grant from the Committee on the Language Program of the American Council of Learned Societies freed me to work on the revision of the Structural Analysis in 1953. Beginning in 1960 the preparation of the book was supported by the Office of Education. A Fulbright-Hays fellowship in 1967 gave me the opportunity to consult with scholars in Taiwan.

Harold Shadick

Ithaca, New York
May 1968

TEXTS

The Selection of Texts

The Texts fall into two main groups: 1-22 and 23-34. Texts 1-22 constitute the core of the course and it is assumed that the student will study them before taking up later Texts that interest him. They exemplify most of the common syntactic features of literary Chinese.

In selecting the first twenty-two Texts, passages were favored which have a limited vocabulary, few words of low frequency, and a minimum of places subject to conflicting interpretations. They subdivide into two groups, 1-6 and 7-22. The first six were specially written or adapted to illustrate the most basic syntactic patterns. They are accompanied by Modern Chinese versions so that the similarities and differences of the two styles can be observed. Beginning with Text 7 the Texts are unchanged from their original form. They are mostly from what may be called "classical" works of the late Chōu period. Some variety is introduced by including a group of poems (Text 16), a Hàn period narrative (Text 17) and sample entries from modern encyclopedias (Text 18).

The second main group consisting of Texts 23-34 is intended to satisfy the needs of two types of students: those interested in pre-modern history and literature and those interested in modern history and social studies, giving them an opportunity to apply the principles of analysis which have been used on relatively simple material to more difficult passages in the field of their special interest. Texts 23-27 include at least one piece from each major dynastic period from T'áng to Ch'īng. Texts 29-34 are from the writings of modern reformers and revolutionaries. Text 28, a second group of encyclopedia entries, contains matter of interest to both types of student.

In establishing the Texts as reproduced here we have collated such copies or editions of each Text as have been easily available and made a careful choice among variant readings. In a textbook of this nature it has not been thought necessary to note the variants individually. The sources in which the Texts can be found are listed below, and following them is a finding list showing in which of the sources a given Text can be found.

Sources

1. Harvard-Yenching Institute Sinological Index Series
2。 The Chinese Classics, James Legge
3. 十三經注疏　四部備要
4. 諸子集成　世界書局
5. 古文辭類纂　四部備要
6. 古文觀止　世界書局
7. 注音詳解古今文選　國語日報社
8. 戰國策　高誘注　商務印書館
9。 廣註語譯國策精華　世界書局
10。 史記會注考證　瀧川龜太郎
11. 四書集注　藝文書局
12. 二十五史　開明書店
13。 歐陽永叔文　商務印書館
14. 歷代文選　中國青年出版社
15. 虞初新志　張潮輯　大達圖書供應社
16. 明文彙　中華叢書委員會
17。 皇朝經世文三編
18. 戊戌變法　人民出版社
19. 中山全書　全記書店
20. 國父全集　中央黨史史料編纂委員會
21. 孫中山選集　人民出版社
22. 飲冰室文集　梁啓超
23. 辛亥革命　中國史學會編
24. 革命軍　中華書局
25. 胡適文存　亞東書局
26. 中國歷代詩選　丁嬰

27。 全漢三國晉南北朝詩　丁福保編
28。 十八詩抄　世界書局
29。 全唐詩　藝文印書館
30。 唐詩三百首詳析　喻守真註
31。 國語標題千家詩　謝疊山輯
32。 唐詩別裁　沈得潛輯
33。 宋詩選　戴君仁
34。 清詩鐸　張應昌輯
35。 白話文學史　胡適
36。 全宋詞　唐圭璋輯
37。 宋詞三百首　胡雲翼輯
38。 宋詞選　胡雲翼選
39。 詞選　鄭騫選
40。 元人小令集　陳乃乾

Finding List

Text	Sources	Text	Sources	Text	Sources
7	8,9	16(2)	29,30	24	7,14,15
8	1,2,3,4,7,11	(3)	35	25	5,6,12,13
9	1,2,3,11	(4)	1,30	26	5,7
10	1,2,3,4,11	(5)	38	27(1)	26,27
11	1,4,7	17	7,10	(2)	7,27
12	1,4,7	19	1,4	(3)	26,34
13	1,7	20	1,2,3,6,7	(4)	30,31
14	6,8,9	21	2,3,4,7,11	(5)	26,30,31
15	1,2,3,4,7,11	22	6,7,8,9	(6)	31
16(1)	7,29,30,31	23	6,7,14,16	(7)	30,31

Text	Sources	Text	Sources	Text	Sources
27(8)	7,26,28,33	33	7,22	F	4
(9)	30,32	34	25	G	8,9
(10)	7,36			H	1,2,3,4,7,11
(11)	7,37,39			I	1,2,3,4,11
(12)	7,40	A	4	J	8,9
29	17,18	B	4,7	K	4
30	7,14,19,20,21	C	1,4	L	5
31	22	D	4	M	5
32	23,24	E	4	N	4

Cassette tape recordings (45 minutes on one cassette) of Texts 1 through 16 can be obtained from The Language Laboratory, 009 Morrill Hall, Cornell University, Ithaca, N.Y. 14853. Orders should quote "MLC: Shadick First Course in Literary Chinese."

一、吉凶

(1)鴉鳴於樹上。(2)兒以石擊之。(3)父曰。何以擊鴉。(4)兒曰。人言。(5)鵲之鳴吉。鴉之鳴凶。(6)今鳴者鴉也。(7)以故擊之。(8)父曰。人之智高於鳥之智。(9)人不能知吉凶。(10)鳥何以能知之。

譯文：

(1)烏鴉在樹上叫。(2)小孩用石頭打牠。(3)父親說：「為什麼打烏鴉？」(4)小孩說：「人們說：(5)『喜鵲的叫吉祥，烏鴉的叫不吉祥。』(6)現在叫的是烏鴉，(7)所以打牠。」(8)父親說：「人的知力比鳥的知力高。(9)人不能夠知道吉凶，(10)鳥怎麼知道？」

二、影

(1)一夕。群兒戲於院中。(2)明月初上。(3)院中樹影滿地。(4)群兒皆樂。(5)有頃。一兒忽覺有人隨之。(6)甚恐。(7)急告其友。(8)友曰。隨汝者。乃汝之影也。(9)當汝行於月下之時。地上遂有汝影。(10)汝何以忘之。

譯文：

(1)一天晚上，一群小孩子在院子裏玩。(2)光明的月亮剛上來。(3)院子裏，樹的影子滿地都是。(4)小孩們都很快樂。(5)過了一會兒，一個小孩忽然覺着有人跟他。(6)他很害怕。(7)趕快告訴他的朋友。(8)他的朋友說：「跟着你的是你的影子。(9)當你在月亮下面走的時候，地上面便有你的影子。(10)你怎麼忘了呢？」

三、不識字

(1)山有虎。害人且傷畜。(2)獵人謀捕虎。(3)設阱以伺之。(4)以大字書於牆上曰。(5)下有虎阱。行人止步。(6)字既大且著。(7)鄉人之不識字者過牆下。(8)且歌且行。(9)誤踏虎阱而墮於其中。(10)大呼以求救。(11)既出。人為之說牆上所書之義。(12)鄉人歎曰。(13)吾若識字。豈至此哉。

譯文：

(1)山裏有老虎，害人而且傷家畜。(2)獵人打算捉老虎，(3)安了陷阱來等牠。(4)用大字在牆上寫道：(5)「下面有捉老虎的陷阱，走路的人不要踩。」(6)字又大又明顯。(7)一個不認識字的鄉下人走過牆下面，(8)一邊走一邊唱歌。(9)誤踩了捉老虎的陷阱上，掉在裏頭。(10)大聲喊着求人救他。(11)出來以後，有人替他解說牆上所寫的意思。(12)鄉下人嘆惜着說：(13)「我如果認識字，怎麼會變成了這樣呢？」

三、不識字

四、鴉

(1)鴉渴甚。(2)見院中有水壺。乃欲飲之。(3)壺深水淺。(4)鴉雖竭力以伸頸。猶不得飲。(5)仰首而思曰。(6)使壺淺而水深。則我得飲。(7)今非獨壺深水亦淺。縱倍吾頸之長。亦不得飲。(8)我何以解吾渴。(9)久之。鴉似有所悟。(10)乃飛去。(11)銜石而至。(12)投石於壺中。(13)往返十餘次。(14)石積水升。(15)鴉得飲。其渴遂解。

譯文：

(1)烏鴉渴得很。(2)看見院子裏有把水壺，就想喝那水。(3)水壺深，裏面的水淺。(4)烏鴉雖然盡力伸脖子，還是喝不到水。(5)抬起頭來想着說：(6)「要是教水壺淺，而且裏面的水深，那麼我就能喝水了。(7)現在不但是水壺深，裏面的水也淺。就是把我的脖子長一倍，還是喝不到水。(8)我怎麼才能解我的渴呢？」(9)過了很久，鴉好像悟到什麼了。(10)於是飛走了。(11)銜着石頭回來。(12)把石頭投在壺裏。(13)來回十幾次。(14)石頭堆積起來水升高了。(15)鴉喝到了水，他的渴就解了。

五、善射者

孟子離婁下

(1)子濯孺子。鄭之善射者也。(2)鄭人使之侵衛。衛使庾公之斯追之。(3)子濯孺子曰。(4)今日我疾作。不可以執弓。(5)吾死矣。(6)問其僕曰。(7)追我者誰也。(8)其僕曰。庾公之斯也。(9)子濯孺子曰。吾生矣。(10)其僕曰。庾公之斯。衛之善射者也。(11)夫子曰。吾生。何謂也。(12)子濯孺子曰。庾公之斯之師為尹公之他。(13)尹公之他之師即我。(14)尹公之他君子也。(15)其友必非小人也。(16)庾公之斯至。(17)曰。夫子何為不執弓。(18)子濯孺子曰。今日我疾作。不可以執弓。(19)庾公之斯曰。小人之師乃夫子之徒。(20)我不忍以夫子之道反害夫子。(21)雖然。今日之事。君事也。(22)我不敢廢。(23)去其矢之金。四射而後返。

譯文。

(1)子濯孺子是鄭國很會射箭的人。(2)鄭國的人派他去侵略衛國。衛國派庾公之斯追他。(3)子濯孺子說：「(4)今天，我的病發了。不能夠拿弓。(5)我要死了吧？」(6)問他的僕人說：(7)「追我的人是誰呢？」(8)他的僕人說：「是庾公之斯。」(9)子濯孺子說：「我活了。」(10)他的僕人說：「庾公之斯是衛國很會射箭的人。(11)先生說：『我活了。』是什麼意思？」(12)子濯孺子說：「庾公之斯的老師是尹公之他。(13)尹公之他的老師便是我。(14)尹公之他是君子。(15)他的朋友一定不是小人。」(16)庾公之斯到了。(17)他說：「先生為什麼不拿弓。」(18)子濯孺子說：「今天，我病發了。不能夠拿弓。」(19)庾公之斯說：「我的老師是先生的徒弟。(20)我不忍用先生的方法反過來害先生。(21)不過，今天的事是君主的事。(22)我不敢廢棄。」(23)去掉他箭上的金屬箭頭，射了四次然後回去了。

六、山水

(1)一日。風和日麗。(2)張生與李生自其所居之城出而遊。(3)城之西有一山。二生步行而往。(4)及其至也。見是處山明水秀。遊者甚衆。(5)二生登山之最高處。(6)張生仰視雲之浮鳥之飛。曰。(7)登斯山。然後知天地之大。(8)李生俯視流水與行人曰。(9)不登高山。不知人之微也。(10)二生皆心曠神怡。

(11)二生下山而東。行數里。至一小溪。(12)溪淺水清。(13)二生俯視之。則見其影焉。(14)二生笑。影亦笑。二生行。影亦行。(15)二生樂甚。(16)張生曰。古人云。智者樂水。仁者樂山。(17)今吾輩非唯樂山。且亦樂水。(18)吾輩仁者乎。抑智者乎。(19)李生曰。吾輩非仁者。亦非智者。乃樂天者也。

譯文：

(1)一天，風和順陽光明麗。(2)張生和李生出了他們所住的城去遊玩。(3)城的西面有一座山。兩個人步行着去。(4)等到他們走到那裏的時候，看見那裏山很明媚，水很秀麗，遊玩的人很多。(5)兩個人爬到山最高的地方。(6)張生抬起頭來看着雲的漂浮鳥的飛翔說：(7)「爬到這座山上，才知道天地的偉大。」(8)李生低下頭來看着流着的水和走路的人說：(9)「不爬到高山上，便不知道人的微小。」(10)兩個人都心情開曠。精神愉快。

(11)兩個人下了山向東面走。走了幾里，走到一條小溪。(12)溪淺而且水清。(13)兩個人低下頭來看着水，便看見兩個人的影子在裏面。(14)兩個人笑，影子也笑。兩個人走，影子也走。(15)兩個人都很快樂。(16)張生說：『古人說：「聰明的人喜歡水，仁厚的人喜歡山。」(17)現在我們不但喜歡山，而且喜歡水。(18)我們是仁厚的人呢？

還是聰明的人呢？』(19)李生說：「我們不是仁厚的人，也不是聰明的人。我們是樂天的人。」

七、畫蛇添足

戰國策齊策二

(1)楚有祠者。賜其舍人卮酒。(2)舍人相謂曰。(3)數人飲之不足。一人飲之有餘。(4)請畫地為蛇。先成者飲酒。(5)一人蛇先成。引酒且飲之。(6)乃左手持卮。右手畫蛇曰。(7)吾能為之足。(8)未成。一人之蛇成。奪其卮曰。(9)蛇固無足。子安能為之足。(10)遂飲其酒。為蛇足者。終失其酒。

譯文：

(1)楚國有個管祭祀的人，送給他家裡的從客一壺酒。(2)從客們互相嚷着說：(3)「好幾個人喝它不夠，一個人喝它有多的。(4)讓我們在地上畫蛇，先畫好的喝酒。」(5)一個人蛇先畫好了，拿起酒來就要喝。(6)他左手拿着酒壺，右手畫着地上的蛇說：(7)「我能給牠畫上腳。」(8)他還沒畫好，另一個人的蛇已畫好了，搶了他的酒壺說：[9]「蛇本來沒有腳，您怎麼能給牠畫上腳呢？」[10]於是喝了那酒。給蛇畫腳的人，終於失去了他的酒。

八、太王去邠

孟子 梁惠王下

(1)滕文公問曰。(2)滕。小國也。(3)竭力以事大國。則不得免焉。(4)如之何則可。(5)孟子對曰。(6)昔者。太王居邠。狄人侵之。(7)事之以皮幣。不得免焉。事之以犬馬。不得免焉。事之以珠玉。不得免焉。(8)乃屬其耆老而告之曰。(9)狄人之所欲者。吾土地也。(10)吾聞之也。君子不以其所以養人者害人。(11)二三子。何患乎無君。我將去之。(12)去邠。踰梁山。邑於岐山之下居焉。(13)邠人曰。仁人也。不可失也。(14)從之者如歸市。(15)或曰。世守也。非身之所能為也。(16)效死勿去。(17)君請擇於斯二者。

九、大學

(1)大學之道在明明德。在親民。在止於至善。(2)知止而后有定。定而后能靜。靜而后能安。安而后能慮。慮而后能得。(3)物有本末。事有終始。(4)知所先後則近道矣。(5)古之欲明明德於天下者先治其國。(6)欲治其國者先齊其家。欲齊其家者先修其身。欲修其身者先正其心。欲正其心者先誠其意。欲誠其意者先致其知。(7)致知在格物。(8)物格而后知至。知至而后意誠。意誠而后心正。心正而后身修。身修而后家齊。家齊而后國治。國治而后天下平。

十、以五十步笑百步

孟子 梁惠王上

(1)梁惠王曰。寡人之於國也。盡心焉耳矣。(2)河內凶。則移其民於河東。移其粟於河內。(3)河東凶亦然。(4)察鄰國之政。無如寡人之用心者。(5)鄰國之民不加少。寡人之民不加多。何也。(6)孟子對曰。王好戰。請以戰喻。(7)塡然鼓之。兵刃既接。棄甲曳兵而走。(8)或百步而後止。或五十步而後止。(9)以五十步笑百步。則何如。(10)曰。不可。直不百步耳。是亦走也。(11)曰。王如知此。則無望民之多於鄰國也。

十一、兼愛

墨子兼愛上

(1)聖人以治天下為事者也。(2)必知亂之所自起。焉能治之。(3)不知亂之所自起。則不能治。(4)譬之如醫之攻人之疾者然。(5)必知疾之所自起。焉能攻之。(6)不知疾之所自起。則弗能攻。(7)治亂者何獨不然。(8)必知亂之所自起。焉能治之。(9)不知亂之所自起。則弗能治

(10)聖人以治天下為事者也。(11)不可不察亂之所自起。(12)當察亂何自起。起不相愛。(13)臣子之不孝君父。所謂亂也。(14)子自愛。不愛父。故虧父而自利。(15)弟自愛。不愛兄。故虧兄而自利。(16)臣自愛。不愛君。故虧君而自利。(17)此所謂亂也。(18)雖父之不慈子。兄之不慈弟。君之不慈臣。此亦天下之所謂亂也。(19)父自愛也。不愛子。故虧子而自利。(20)兄自愛也。不愛弟。故虧弟而自利。(21)君自愛也。不愛臣。故虧臣而自利。(22)是何也。皆起不相愛。(23)雖至天下之為盜賊者亦然。(24)盜愛其室。不愛異室。故竊異室以利其室。(25)賊愛其身。不愛人身。故賊人身。以利其身。(26)此何也。皆起不相愛。(27)雖至大夫之相亂家。諸侯之相

攻國者亦然。(28)大夫各愛其家。不愛異家。故亂異家以利其家。(29)諸侯各愛其國。
不愛異國。故攻異國以利其國。(30)天下之亂物。具此而已矣。(31)察此何自起。皆起
不相愛。(32)若使天下兼相愛。愛人若愛其身。猶有不孝者乎。(33)視父兄與君若其身
。惡施不孝。(34)猶有不慈者乎。(35)視弟子與臣若其身。惡施不慈。(36)故不孝不慈亡
有。(37)猶有盜賊乎。(38)視人之室若其室。誰竊。(39)視人身若其身。誰賊。(40)故盜賊
亡有。(41)猶有大夫之相亂家。諸侯之相攻國者乎。(42)視人家若其家。誰亂。(43)視人
國若其國。誰攻。(44)故大夫之相亂家。諸侯之相攻國者亡有。(45)若使天下兼相愛。
國與國不相攻。家與家不相亂。盜賊無有。君臣父子皆能孝慈。若此則天下治。(46)
故聖人以治天下為事者。惡得不禁惡而勸愛。(47)故天下兼相愛則治。交相惡則亂。
(48)故子墨子曰。不可以不勸愛人者。此也。

十二、魚之樂

莊子秋水

(1)莊子與惠子遊於濠梁之上。(2)莊子曰。儵魚出遊從容。是魚之樂也。(3)惠子曰。子非魚。安知魚之樂。(4)莊子曰。子非我。安知我不知魚之樂。(5)惠子曰。我非子。固不知子矣。(6)子固非魚也。子之不知魚之樂全矣。(7)莊子曰。請循其本。(8)子曰。汝安知魚樂云者。既已知吾知之。而問我。(9)我知之濠上也。

十三、屠羊說不受賞

莊子讓王

(1)楚昭王失國。(2)屠羊說走而從於昭王。(3)昭王反國。將賞從者。(4)及屠羊說。(5)屠羊說曰。大王失國。說失屠羊。(6)大王反國。說亦反屠羊。(7)臣之爵祿已復矣。又何賞之有。(8)王曰。強之。(9)屠羊說曰。(10)大王失國。非臣之罪。故不敢伏其誅。大王反國。非臣之功。故不敢當其賞。(11)王曰。見之。(12)屠羊說曰。楚國之法。必有重賞大功而後得見。(13)今臣之知不足以存國。而勇不足以死寇。(14)吳軍入郢。說畏難而避寇。非故隨大王也。(15)今大王欲廢法毀約而見說。此非臣之所以聞於天下也。

(16)王謂司馬子綦曰。(17)屠羊說居處卑賤。而陳義甚高。(18)子綦為我延之以三旌之位。(19)屠羊說曰。夫三旌之位。吾知其貴於屠羊之肆也。(20)萬鍾之祿。吾知其富於屠羊之利也。(21)然豈可以貪爵祿而使吾君有妄施之名乎。(22)說不敢當。(23)願復反

十三、屠羊說不受賞

吾屠羊之肆。(24) 遂不受也。

十四、馮諼客孟嘗君

戰國策齊策四

(1)齊人有馮諼者。貧乏不能自存。使人屬孟嘗君。願寄食門下。(2)孟嘗君曰。客何好。曰客無好也。曰客何能。曰客無能也。(3)孟嘗君笑而受之曰。諾。(4)左右以君賤之也。食以草具。(5)居有頃。倚柱彈其劍。歌曰。長鋏歸來乎。食無魚。(6)左右以告。孟嘗君曰。食之比門下之客。(7)居有頃。復彈其鋏。歌曰。長鋏歸來乎。出無車。(8)左右皆笑之。以告。孟嘗君曰。為之駕。比門下之車客。(9)於是。乘其車揭其劍過其友。曰。孟嘗君客我。(10)後有頃。復彈其劍鋏。歌曰。長鋏歸來乎。無以為家。(11)左右皆惡之。以為貪而不知足。(12)孟嘗君問。馮公有親乎。對曰。有老母。(13)孟嘗君使人給其食用。無使乏。於是馮諼不復歌。

(14)後孟嘗君出記。問門下諸客。誰習計會。能為文收責於薛者乎。(15)馮諼署曰。能。孟嘗君怪之曰。此誰也。(16)左右曰。乃歌夫長鋏歸來者也。(17)孟嘗君笑曰。

十四、馮諼客孟嘗君

客果有能也。吾負之。未嘗見也。[18]請而見之。謝曰。文倦於事。憒於憂。而性懦愚。沉於國家之事。開罪於先生。[19]先生不羞。乃有意欲為收責於薛乎。馮諼曰。願之。[20]於是約車治裝。載券契而行。辭曰。責畢收。以何市而反。[21]孟嘗君曰。視吾家所寡有者。

[22]驅而之薛。使吏召諸民當償者悉來合券。[23]券徧合。起。矯命以責賜諸民。因燒其券。民稱萬歲。[24]長驅到齊。晨而求見。[25]孟嘗君怪其疾也。衣冠而見之曰。責畢收乎。來何疾也。[26]曰。收畢矣。以何市而反。[27]馮諼曰。君云。視吾家所寡有者。臣竊計君宮中積珍寶。狗馬實外廄。美人充下陳。君家所寡有者以義耳。竊以為君市義。[28]孟嘗君曰。市義奈何。曰。今君有區區之薛。不撫愛子其民。因而賈利之。臣竊矯君命。以責賜諸民。因燒其券。民稱萬歲。乃臣所以為君市義也

。(29)孟嘗君不說曰。諾。先生休矣。

(30)後朞年。齊王謂孟嘗君曰。寡人不敢以先王之臣為臣。(31)孟嘗君就國於薛。

未至百里。民扶老攜幼。迎君道中。(32)孟嘗君顧謂馮諼。先生所為文市義者。乃今

日見之。

十四、馮諼客孟嘗君

十五、魚我所欲也

孟子告子上

(1)孟子曰。魚我所欲也。熊掌亦我所欲也。二者不可得兼。舍魚而取熊掌者也。(2)生亦我所欲也。義亦我所欲也。二者不可得兼。舍生而取義者也。(3)生亦我所欲。所欲有甚於生者。故不為苟得也。死亦我所惡。所惡有甚於死者。故患有所不辟也。(4)如使人之所欲莫甚於生。則凡可以得生者。何不用也。使人之所惡莫甚於死者。則凡可以辟患者。何不為也。(5)由是則生而有不用也。由是則可以辟患而有不為也。(6)是故所欲有甚於生者。所惡有甚於死者。非獨賢者有是心也。人皆有之。賢者能勿喪耳。

十六、詩　詞　選

(1)春　曉

孟浩然

春眠不覺曉。處處聞啼鳥。夜來風雨聲。花落知多少。

(2)回鄉偶書

賀知章

少小離家老大回。鄉音無改鬢毛衰。兒童相見不相識。笑問客從何處來。

(3)

王梵志

吾有十畝田。種在南山坡。青松四五樹。綠豆兩三窠。
熱即池中浴。涼便岸上歌。遨遊自取足。誰能奈我何。

(4)客　至

杜甫

舍南舍北皆春水。但見羣鷗日日來。花徑不曾緣客掃。蓬門今始為君開。
盤飧市遠無兼味。樽酒家貧只舊醅。肯與鄰翁相對飲。隔籬呼取盡餘杯。

(5) 卜算子

李之儀

我住長江頭。君住長江尾。日日思君不見君。共飲長江水。
此水幾時休。此恨何時已。只願君心似我心。定不負相思意。

十七、垓下之圍

史記卷七項羽本紀

(1)項王軍壁垓下。兵少食盡。漢軍及諸侯兵圍之數重。(2)夜聞漢軍四面皆楚歌。項王乃大驚曰。漢皆已得楚乎。是何楚人之多也。(3)項王則夜起飲帳中。有美人名虞。常幸從。駿馬名騅。常騎之。(4)於是項王乃悲歌忼慨。自為詩曰。力拔山兮氣蓋世。時不利兮騅不逝。騅不逝兮可柰何。虞兮虞兮柰若何。歌數闋。美人和之。項王泣數行下。左右皆泣。莫能仰視。(5)於是項王乃上馬騎。麾下壯士騎從者八百餘人。直夜潰圍。南出馳走。(6)平明漢軍乃覺之。令騎將灌嬰以五千騎追之。項王渡淮。騎能屬者百餘人耳。(7)項王至陰陵。迷失道。問一田父。田父紿曰。左。左。乃陷大澤中。以故漢追及之。(8)項王乃復引兵而東。至東城乃有二十八騎。漢騎追者數千人。(9)項王自度不得脫。謂其騎曰。吾起兵至今八歲矣。身七十餘戰。所當者破。所擊者服。未嘗敗北。遂霸有天下。然今卒困於此。此天之亡我。非戰

十七、垓下之圍

之罪也。(10)今日固決死。願為諸君快戰。必三勝之。為諸君潰圍斬將刈旗。令諸君知天亡我。非戰之罪也。(11)乃分其騎以為四隊。四嚮。漢軍圍之數重。(12)項王謂其騎曰。吾為公取彼一將。令四面騎馳下。期山東為三處。(13)於是項王大呼馳下。漢軍皆披靡。遂斬漢一將。(14)是時赤泉侯為騎將追項王。項王瞋目而叱之。赤泉侯人馬俱驚。辟易數里。(15)與其騎會為三處。漢軍不知項王所在。乃分軍為三。復圍之。項王乃馳復斬漢一都尉。殺數十百人。復聚其騎。亡其兩騎耳。(16)乃謂其騎曰。何如。騎皆伏曰。如大王言。於是項王乃欲東渡烏江。(17)烏江亭長檥船待。謂項王曰。江東雖小。地方千里。衆數十萬人。亦足王也。願大王急渡。今獨臣有船。漢軍至無以渡。(18)項王笑曰。天之亡我。我何渡為。且籍與江東子弟八千人。渡江而西。今無一人還。縱江東父兄憐而王我。我何面目見之。縱彼不言。籍獨不愧於心乎。(19)乃謂亭長曰。吾知公長者。吾騎此馬五歲。所當無敵。嘗一日行千里。不忍殺之。以賜公。(20)乃令騎皆下馬步行。持短兵接戰。獨籍所殺漢軍數百人。項王身亦被十餘創。(21)顧見漢騎司馬呂馬童曰。若非吾故人乎。馬童面之。指王翳曰。此項王也。(22)項王乃曰。吾聞漢購我頭千金邑萬戶。吾為若德。乃自刎而死。

十七、垓下之圍

十八、辭海辭源選例（上）

(1)【兵】卑英切，丙平聲，庚韻。本作𢍬。(2)㊀械也，見說文廾部，按世本：『蚩尤以金作兵。』參閱五兵條。(3)㊁戰士也。左傳昭十四年：『簡上國之兵於宗丘。』疏：『戰必令人執兵，因即名人為兵也。』(4)㊂以兵擊之也。左傳定十年：『士兵之。』

(5)【兵法】謂用兵之法也。史記信陵君傳：「諸侯之客進兵法，公子皆名之，故世俗稱魏公子兵法。」——選自辭海子集三五〇頁。

(6)【四】思次切，音肆，寘韻。俗作亖。㊀數名。

(7)【四民】謂士農工商也。穀梁傳成元年：『古者有四民：有士民，有商民，有農民，有工民。』

(8)【四夷】東夷、西戎、南蠻、北狄也。

(9)【四書】㈠南宋淳熙間朱熹取小戴禮中之大學、中庸與論語、孟子合為四書，復為之章句集注，亦稱四子書。參閱大學、中庸等條。……(10)㈢經、史、子、集四部，亦稱四書。陸龜蒙詩：『常聞四書目，經史子集焉。』

(11)【四聲】㈠字音之四種聲調，謂平、上、去、入也；今國音分陰平、陽平、上、去為四聲。

(12)【四面楚歌】史記項羽紀：『項王軍壁垓下，兵少食盡，漢軍及諸侯兵圍之數重，夜聞漢軍四面皆楚歌，曰：「漢皆已得楚乎，是何楚人之多也。」』(13)今假用為環境險惡，備受困迫之語。參閱垓下歌條。——選自辭海丑集一二二至一三二頁。

(14)【漢族】漢時兵威遠震，外國人均稱我國人曰漢人，(15)魏晉以降，仍有此稱，由是我國人遂自名為漢族。——選自辭海巳集一五三頁。

(16)【戰國策】書名。簡稱國策，又名短長書，漢劉向集先秦諸國所記戰國時事，分東西周、秦、楚、燕、齊、三晉、宋、衛、中山十二國，名戰國策。(17)司馬遷作史記，多採其文；漢高誘註。凡三十三卷，即今通行本。(18)宋鮑彪、元吳師道亦各有註本。——選自辭海卯集七二頁。

(19)【五四紀念】歐戰後。日人力謀承繼德人在中國種種權利。既迫認廿一條密約。又誘訂濟順高徐路密約。(20)民國八年。我國代表王正廷、顧維鈞在巴黎和會席上發表中日各項密約。幷抗爭廢約。同時於五月四日。北平學生痛斥該約關係人曹汝霖、章宗祥、陸宗輿等大舉為外交示威。火曹宅。毆章。學生亦有被拘者。(21)後十餘日。中等以上學校聯合罷課。宣講請願。政府雖捕多人。仍無法制止。不得已乃免曹陸章職。(22)北大有五四特刊。後以是日為愛國運動之紀念日——選自辭源續編子集七七頁。

(23)【國家】孟子離婁：『人有恒言，皆曰天下國家。天下之本在國，國之本在家。』注：『國謂諸侯之國，家謂卿大夫家也。』(24)按國家二字，本各具一義，惟後人多習用為國之複合詞。——節選自辭海丑集一四二頁

十九、王制

荀子第九

(1)水火有氣而無生。草木有生而無知。禽獸有知而無義。(2)人有氣有生有知亦且有義。故最為天下貴也。(3)力不若牛。走不若馬。而牛馬為用何也。(4)曰。人能羣。彼不能羣也。(5)人何以能羣。曰。分。(6)分何以能行。曰義。(7)故義以分則和。和則一。一則多力。多力則彊。彊則勝物。故宮室可得而居也。(8)故序四時。裁萬物。兼利天下。無他故焉。得之分義也。(9)故人生不能無羣。(10)羣而無分則爭。爭則亂。亂則離。離則弱。弱則不能勝物。故宮室不可得而居也。不可少頃舍禮義之謂也。(11)能以事親謂之孝。能以事兄謂之弟。能以事上謂之順。能以使下謂之君。(12)君者。善羣也。羣道當。則萬物皆得其宜。六畜皆得其長。羣生皆得其命。(13)故養長時則六畜育。殺生時則草木殖。政令時則百姓一。賢良服。聖王之制也。

二十、曹劌論戰

左傳莊公十年

(1)齊師伐我。公將戰。(2)曹劌請見。其鄉人曰。肉食者謀之。又何間焉。(3)劌曰。肉食者鄙。未能遠謀。(4)乃入見。問何以戰。(5)公曰。衣食所安。弗敢專也。必以分人。(6)對曰。小惠未徧。民弗從也。(7)公曰。犧牲玉帛。弗敢加也。必以信。(8)對曰。小信未孚。神弗福也。(9)公曰。小大之獄。雖不能察。必以情。(10)對曰。忠之屬也。可以一戰。戰則請從。(11)公與之乘。戰于長勺。(12)公將鼓之。劌曰。未可。(13)齊人三鼓。劌曰。可矣。齊師敗績。(14)公將馳之。劌曰。未可。(15)下視其轍。登軾而望之。曰。可矣。遂逐齊師。(16)既克。公問其故。(17)對曰。夫戰。勇氣也。一鼓作氣。再而衰。三而竭。彼竭我盈。故克之。(18)夫大國。難測也。懼有伏焉。吾視其轍亂。望其旗靡。故逐之。

二十一、論語選句

(1)子曰。學而時習之。不亦說乎。有朋自遠方來。不亦樂乎。人不知而不慍。不亦君子乎。(一、一)

(2)子曰。不患人之不己知。患不知人也。(一、十六)

(3)子曰。詩三百。一言以蔽之。曰。思無邪。(二、二)

(4)子曰。參乎。吾道一以貫之。曾子曰。唯。子出。門人問曰。何謂也。曾子曰。夫子之道忠恕而已矣。(四、十五)

(5)子在齊聞韶。三月不知肉味。曰。不圖為樂之至於斯也。(七、十三)

(6)子曰。三人行必有我師焉。擇其善者而從之。其不善者而改之。(七、二十一)

(7)子曰。興於詩。立於禮。成於樂。(八、八)

(8)子曰。吾未見好德如好色者也。（九、十七）

(9)仲弓問仁。子曰。出門如見大賓。使民如承大祭。己所不欲。勿施於人。在邦無怨。在家無怨。仲弓曰。雍雖不敏。請事斯語矣。（十二、二）

(10)司馬牛憂曰。人皆有兄弟。我獨亡。子夏曰。商聞之矣。死生有命。富貴在天。君子敬而無失。與人恭而有禮。四海之內皆兄弟也。君子何患乎無兄弟也。（十二、五）

(11)子貢問政。子曰。足食。足兵。民信之矣。子貢曰。必不得已而去。於斯三者何先。曰。去兵。子貢曰。必不得已而去。於斯二者何先。曰。去食。自古皆有死。民無信不立。（十二、七）

(12)子曰。志士。仁人。無求生以害仁。有殺身以成仁。（十五、八）

二十二、鄒忌諷齊王納諫

戰國策齊策一

(1)鄒忌修八尺有餘。而形貌昳麗。(2)朝服衣冠。窺鏡。謂其妻曰。我孰與城北徐公美。(3)其妻曰。君美甚。徐公何能及君也。(4)城北徐公。齊國之美麗者也。(5)忌不自信。而復問其妾曰。吾孰與徐公美。妾曰。徐公何能及君也。(6)旦日。客從外來。與坐談。問之。吾與徐公孰美。(7)客曰。徐公不若君之美也。(8)明日。徐公來。熟視之。自以為不如。窺鏡而自視。又弗如遠甚。(9)暮寢而思之曰。吾妻之美我者。私我也。妾之美我者。畏我也。客之美我者。欲有求于我也。(10)於是入朝見威王。曰。臣誠知不如徐公美。臣之妻私臣。臣之妾畏臣。臣之客欲有求于臣。皆以美于徐公。(11)今齊。地方千里。百二十城。宮婦左右。莫不私王。朝廷之臣。莫不畏王。四境之內。莫不有求于王。(12)由此觀之。王之蔽甚矣。(13)王曰。善。乃下令。羣臣吏民能面刺寡人之過者。受上賞。上書諫寡人者。受中賞。能謗譏于市朝。聞寡人之耳者。受下賞。(14) 令初下。羣臣進諫。門庭若市。數月之後。時時而閒進。朞年之後。雖欲言。無可進者。(15) 燕趙韓魏聞之。皆朝于齊。此所謂戰勝于朝廷。

二十二、鄒忌諷齊王納諫

二十三、報劉一丈書

宗臣

(1)數千里外。得長者時賜一書。以慰長想。即亦甚幸矣。(2)何至更辱饋遺。則不才益將何以報焉。(3)書中情意甚殷。(4)即長者之不忘老父。知老父之念長者深也。(5)至以上下相孚才德稱位語不才。則不才有深感焉。(6)夫才德不稱。固自知之矣。至於不孚之病。則尤不才為甚。(7)且今之所謂孚者。何哉。(8)日夕策馬候權者之門。門者拒不入。則甘言媚詞作婦人狀。袖金以私之。(9)即門者持刺入。而主者又不即出見。(10)立廐中僕馬之間。惡氣襲衣袖。即飢寒毒熱不可忍。不去也。(11)抵暮。則前所受贈金者出報客曰。相公倦。謝客矣。客請明日來。(12)即明日。又不敢不來。(13)夜披衣坐。聞雞鳴。即起盥櫛。走馬抵門。(14)門者怒曰。為誰。則曰。昨日之客來。則又怒曰。何客之勤也。豈有相公此時出見客乎。(15)客心恥之。強忍而與言曰。亡奈何矣。姑容我入。(16)門者又得所贈金。則起而入之。又立向所立廐中。

(17)幸主者出。南面召見。則驚走匍匐階下。(18)主者曰。進。則再拜。故遲不起。起則上所上壽金。(19)主者故不受。則固請。(20)主者故固不受。則又固請。(21)然後命吏納之。則又再拜。又故遲不起。起則五六揖始出。(22)出揖門者曰。官人幸顧我。他日來。幸勿阻我也。門者答揖。(23)大喜奔出。馬上遇所交識。即揚鞭語曰。適自相公家來。相公厚我。厚我。且虛言狀。(24)即所交識。亦心畏相公厚之矣。(25)相公又稍稍語人曰。某也賢。某也賢。聞者亦心計交贊之。(26)此世所謂上下相孚也。長者謂僕能之乎。(27)前所謂權門者。自歲時伏臘一刺之外。即經年不往也。(28)間道經其門。則亦掩耳閉目。躍馬疾走過之。若有所追逐者。(29)斯則僕之褊哉。以此長不見怡於長吏。僕則愈益不顧也。(30)每大言曰。人生有命。吾惟守分而已。(31)長者聞之。得不厭其為迂乎。

二十四、核舟記

魏學洢

(1)明有奇巧人曰王叔遠能以徑寸之木為宮室。器皿。人物以至鳥。獸。木。石。罔不因勢象形。各具情態。

(2)嘗貽余核舟一。蓋大蘇泛赤壁云。(3)舟首尾長約八分有奇。高可二黍許。(4)中軒敞者為艙。箬篷覆之。(5)旁開小窗。左右各四共八扇。啓窗而觀。雕欄相望焉。(6)閉之。則右刻山高月小。水落石出。左刻清風徐來。水波不興。石青糁之。

(7)船頭坐三人。中峨冠而多髯者為東坡。佛印居右。魯直居左。(8)蘇黃共閱一手卷。東坡右手執卷端。左手撫魯直背。魯直左手執卷末。右手指卷。如有所語。(9)東坡現右足。魯直現左足。身各微側。其兩膝相比者各隱卷底衣褶中。(10)佛印絕類彌勒。袒胸露乳。矯首昂視。神情與蘇黃不屬。(11)臥右膝。詘右臂支船。而豎其左膝。左臂挂念珠倚之。珠可歷歷數也。

(12)舟尾橫臥一楫。楫左右舟子各一人。(13)居右者椎髻仰面。左手依一衡木。右手攀右趾。若嘯呼狀。(14)居左者右手執蒲葵扇。左手撫爐。爐上有壺。其人視端容寂。若聽茶聲然。

(15)其船背稍夷。則題名其上。文曰。天啓壬戌秋日。虞山王毅叔遠甫刻。細若蚊足。鉤畫了了。其色墨。(16)又用篆章一。文曰。初平山人。其色丹。

(17)通計一舟。為人五。為窗八。為篛篷。為楫。為爐。為壺。為手卷。為念珠各一。對聯題名並篆文。為字共三十有四。而計其長曾不盈寸。蓋簡桃核修狹者為之。(18)魏子詳矚既畢。詫曰。(19)嘻。技亦靈怪矣哉。莊列所載稱驚猶鬼神者良多。然誰有游削於不寸之質而須麋瞭然者。(20)假有人焉舉我言以復於我。亦必疑其誑。乃今親睹之。(21)繇斯以觀。棘刺之端。未必不可為母猴也。(22)嘻。技亦靈怪矣哉。

二十五、新五代史宦者傳論

歐陽修

(1)自古宦者亂人之國。其源深於女禍。女。色而已。宦者之害。非一端也。(2)蓋其用事也。近而習。其為心也。專而忍。(3)能以小善中人之意。小信固人之心。使人主必信而親之。(4)待其已信。然後懼以禍福而把持之。(5)雖有忠臣碩士。列於朝廷。而人主以為去己疏遠。不若起居飲食前後左右之親為可恃也。(6)故前後左右者日益親。則忠臣碩士日益疏。而人主之勢日益孤。(7)勢孤則懼禍之心日益切。而把持者日益牢。安危出其喜怒。禍患伏於帷闥。則嚮之所謂可恃者。乃所以為患也。(8)患已深而覺之。欲與疏遠之臣。圖左右之親近。緩之則養禍而益深。急之則挾人主以為質。雖有聖智。不能與謀。(9)謀之而不可為。為之而不可成。至其甚則俱傷而兩敗。(10)故其大者亡國。其次亡身。而使姦豪得借以為資而起。至抉其種類。盡殺以快天下之心而後已。(11)此前史所載宦者之禍。常如此者。非一世也。(12)夫為人主者。非欲養禍於內。而疎忠臣碩士於外。蓋其漸積而勢使之然也。(13)夫女色之惑。不幸而不悟。則禍斯及矣。使其一悟。捽而去之。可也。(14)宦者之為禍。雖欲悔悟。而勢有不得而去也。唐昭宗之事是已。(15)故曰。深於女禍者。謂此也。可不戒哉。

二十六、原道

韓愈

(1)博愛之謂仁。行而宜之之謂義。由是而之馬之謂道。足乎己無待於外之謂德。(2)仁與義為定名。道與德為虛位。(3)故道有君子小人。而德有凶有吉。(4)老子之小仁義。非毀之也。其見者小也。(5)坐井而觀天。曰天小者。非天小也。(6)彼以煦煦為仁。孑孑為義。其小之也則宜。(7)其所謂道。道其所道。非吾所謂道也。其所謂德。德其所德。非吾所謂德也。(8)凡吾所謂道德云者。合仁與義言之也。天下之公言也。(9)老子之所謂道德云者。去仁與義言之也。一人之私言也。(10)周道衰。孔子沒。火於秦。黃老於漢。佛於晉。魏。梁。隋之間。(11)其言道德仁義者。不入於楊。則入於墨。不入於老。則入於佛。(12)入於彼。必出於此。入者主之。出者奴之。入者附之。出者汙之。(13)噫。後之人其欲聞仁義道德之說。孰從而聽之。(14)老者曰。孔子。吾師之弟子也。佛者曰。孔子。吾師之弟子也。(15)為孔子者。習聞其說。樂其誕而自小也。亦曰。吾師亦嘗師之云爾。不惟舉之於其口。而又筆之於其書。(16)噫。後之人雖欲聞仁義道德之說。其孰從而求之。(17)甚矣。人之好怪也。不求其端。不訊其末。惟怪之欲聞。

(18)古之為民者四。今之為民者六。古之教者處其一。今之教者處其三。(19)農之家一。而食粟之家六。工之家一。而用器之家六。賈之家一。而資焉之家六。奈之何民不窮且盜也。(20)古之時。人之害多矣。(21)有聖人者立。然後教之以相生相養之道。為之君。為之師。驅其蟲蛇禽獸而處之中土。(22)寒。然後為之衣。飢。然後為之食。木處而顛。土處而病也。然後為之宮室。(23)為之工以贍其器用。為之賈以通其有無。為之醫藥以濟其夭死。為之葬埋祭祀以長其恩愛。為之禮以次其先後。為之樂以宣其壹鬱。為之政以率其怠勌。為之刑以鋤其強梗。(24)相欺也。為之符璽斗斛權衡以信之。相奪也。為之城郭甲兵以守之。(25)害至而為之備。患生而為之防。

(26)今其言曰。聖人不死。大盜不止。剖斗折衡。而民不爭。(27)嗚呼。其亦不思而已矣。如古之無聖人。人之類滅久矣。(28)何也。無羽毛鱗介以居寒熱也。無爪牙以爭食也。

(29)是故君者。出令者也。臣者。行君之令而致之民者也。民者。出粟米麻絲。作器皿。通貨財。以事其上者也。(30)君不出令。則失其所以為君。臣不行君之令而致之民。則失其所以為臣。民不出粟米麻絲。作器皿。通貨財以事其上。則誅。(31)今其法曰。必棄而君臣。去而父子。禁而相生相養之道。以求其所謂清淨寂滅者。(32)嗚呼。其亦幸而出於三代之後。不見黜於禹。湯。文。武。周公。孔子也。其亦不幸而不出於三代之前。不見正於禹。湯。文。武。周公。孔子也。(33)帝之與王。其號雖殊。其所以為聖一也。(34)夏葛而冬裘。渴飲而飢食。其事雖殊。其所以為智一也。(35)今其言曰。曷不為太古之無事。是亦責冬之裘者曰。曷不為葛之之易也。

責飢之食者曰。曷不為飲之之易也。(36)傳曰。古之欲明明德於天下者。先治其國。欲治其國者。先齊其家。欲齊其家者。先修其身。欲修其身者。先正其心。欲正其心者。先誠其意。(37)然則古之所謂正心而誠意者。將以有為也。(38)今也欲治其心而外天下國家滅其天常。(39)子焉而不父其父。臣焉而不君其君。民焉而不事其事。(40)孔子之作春秋也。諸侯用夷禮則夷之。進於中國則中國之。(41)經曰。夷狄之有君。不如諸夏之亡也。(42)詩曰。戎狄是膺。荊舒是懲。(43)今也舉夷狄之法而加之先王之教之上。幾何其不胥而為夷也。

(44)夫所謂先王之教者何也。博愛之謂仁。行而宜之之謂義。由是而之焉之謂道。足乎己無待於外之謂德。(45)其文詩。書。易。春秋。其法禮樂刑政。其民士農工賈。其位君臣。父子。師友。賓主。昆弟。夫婦。其服麻絲。其居宮室。其食粟米

二十六、原道

○果蔬○魚肉○[46]其為道易明○而其為教易行也○[47]是故以之為己○則順而祥○以之為人○則愛而公○以之為心○則和而平○以之為天下國家○無所處而不當○[48]是故生則得其情○死則盡其常○郊焉而天神假○廟焉而人鬼饗○[49]曰○斯道也○何道也○曰○斯吾所謂道也○非向所謂老與佛之道也○[50]堯以是傳之舜○舜以是傳之禹○禹以是傳之湯○湯以是傳之文○武○周公○文○武○周公傳之孔子○孔子傳之孟軻○軻之死○不得其傳焉○[51]荀與揚也○擇焉而不精○語焉而不詳○[52]由周公而上○上而為君○故其事行○由周公而下○下而為臣○故其說長○然則如之何而可也○[53]曰○不塞不流○不止不行○[54]人其人○火其書○廬其居○[55]明先王之道以道之○鰥寡孤獨廢疾者有養也○其亦庶乎其可也○

二十七、詩詞散曲選

(1) 大風歌

劉邦

大風起兮雲飛揚。威加海內兮歸故鄉。安得猛士兮守四方。

(2) 敕勒歌

敕勒川。陰山下。天似穹廬。籠蓋四野。天蒼蒼。野茫茫。風吹草低見牛羊。

(3) 勘災行

姚鎮

聞官來勘災。饑民馬頭立。官曰爾饑否。胥曰此富邑。民曰已絕糧。隸曰有餘粒。
官聽左右言。掉頭不肯入。饑飽在胥隸。官惟簿手執。未勘民或飽。餘米前臘積。
勘後民皆饑。官過錢盡納。官去報勤勞。饑民夜相泣。

(4) 題破山寺後禪院

常建

清晨入古寺。初日照高林。曲徑通幽處。禪房花木深。

山光悅鳥性。潭影空人心。萬籟此俱寂。惟聞鐘磬音。

(5) 尋隱者不遇　賈島

松下問童子。言師採藥去。只在此山中。雲深不知處。

(6) 清明　高菊卿

南北山頭多墓田。清明祭掃各紛然。紙灰飛作白蝴蝶。淚血染成紅杜鵑。
日落狐狸眠塚上。夜歸兒女笑燈前。人生有酒須當醉。一滴何曾到九泉。

(7) 烏衣巷　劉禹錫

朱雀橋邊野草花。烏衣巷口夕陽斜。舊時王謝堂前燕。飛入尋常百姓家。

(8) 示兒　陸游

死去原知萬事空。但悲不見九州同。王師北定中原日。家祭毋忘告乃翁。

(9) 金縷衣　杜秋娘

勸君莫惜金縷衣。勸君須惜少年時。花開堪折直須折。莫待無花空折枝。

(10) 臨江仙　夜歸臨皋　蘇軾

夜飲東坡醒復醉。歸來彷彿三更。家童鼻息已雷鳴。敲門都不應。倚杖聽江聲。

長恨此身非我有。何時忘却營營。夜闌風靜縠紋平。小舟從此逝。江海寄餘生。

(11) 如夢令　李清照

昨夜雨疏風驟。濃睡不消殘酒。試問捲簾人。却道海棠依舊。知否。知否。應是綠肥紅瘦。

(12) 天淨沙　秋思　馬致遠

枯藤老樹昏鴉。小橋流水人家。古道西風瘦馬。夕陽西下。斷腸人在天涯。

二十八、辭海選例（下）

(1)【泰山】㊀山名。屬陰山系；(2)起於山東省膠州灣西南；西行，橫亙省之中部，盡於運河東岸，稱泰山脈。(3)主峯在泰安縣北，世以為五嶽中之東嶽，(4)亦曰泰岱、岱嶽、岱宗、岱山。(5)羣峯羅列，以丈人峯為最高；(6)又有東、西、南三天門，及東、西、中三溪，為山之勝處。(7)其餘峯巒溪洞，不可勝數；(8)著者有明月嶂、登仙臺、神霄山及孤山、鶴山、梁父山等。(9)古代帝王常以來此封禪為大典，所謂封泰山、禪梁父是也。(10)㊁郡名。漢置。今山東省泰安、萊蕪、新泰、東阿、東平、滋陽、寧陽諸縣皆其地。(11)初治博，在今泰安縣東南；齊、周時改曰東平。(12)㊂妻父之別稱。(13)唐明皇封禪泰山，張說為封禪使，(14)說女婿鄭鎰本九品官，因說驟遷五品，(15)明皇怪而問之，鎰無辭以對，(16)黃旛綽曰：『此泰山之力也。』(17)後人因謂妻之父為泰山；又因泰山而謂妻之母為泰水。(18)參閱丈人條。——巳集六一頁。

(19)【書院】舊時士子講學之所。(20)唐明皇置麗正書院，集文學之士，講學於其中（見玉海），此為設書院之始。(21)宋時廬山有白鹿、衡陽有石鼓、應天有應天、長沙有嶽麓四大書院；(22)明清時，設立尤多，更有私家出資設立者；(23)光緒末葉，改設學堂，書院之名遂廢。——辰集五三頁。

(24)【芥子園畫傳】書名。凡初、二兩集。(25)初集凡四卷，清王槩撰。(26)卷一為青在堂畫學淺說，卷二為畫樹諸法，卷三為畫石法及皴法水雲諸法，卷四為人物、屋宇、點景、渲染畫法，井井有條；(27)所摹諸家成式及所附說明，俱極簡要。(28)二集不分卷，王槩、王著、王臬合編。(29)首有蘭、竹、梅、菊四譜，譜前俱附有畫法歌訣；(30)次為畫其他花卉及草蟲翎毛諸法，各有淺說；(31)所附起手式由淺入深，頗便初學。(32)是書今通行本以二集分為二三兩集；其後更續出四集，蓋出於依託。——申集四頁。

(33)【張之洞】清南皮人。字孝達，一字香濤。同治進士。(34)屢督學典試，注重經史實學。(35)歷任兩廣、湖廣、兩江總督，銳意新政，(36)設立水陸師學堂、造船廠、兵工廠、鑛務局，(37)今平漢鐵路、漢陽鐵廠、萍鄉煤鑛，皆其所創辦。(38)又派遣學生出洋，學習槍礮機器等技術。(39)光緒末，官至體仁閣大學士，授軍機大臣。(40)卒諡文襄。著有廣雅堂集。——寅集二三七頁。

二十九、上清帝第二書

康有為等

(1)具呈舉人康祖詒等。為安危大計。乞下明詔。行大賞罰。遷都練兵。變通新法。以塞和款而拒外夷。保疆土而延國命。呈請代奏事。……

(2)然凡上所陳。皆權宜應敵之謀。非立國自強之策也。(3)伏念國朝法度。因沿明制數百年矣。(4)物久則廢。器久則壞。法久則弊。(5)官制則冗散無數。甚且鬻及監司。教之無本。選之無擇。故營私交賄。欺飾成風。而少忠信之吏。(6)學校則教及詞章詩字。寡能講求聖道。用非所學。學非所用。故空疏愚陋。謬種相傳。而少才智之人。(7)兵則綠營老弱。而募勇皆烏合之徒。農則地利未開。而工商無製造之業。(8)其他凡百積弊。難以遍舉。(9)而外國奇技淫巧。流行內地。民日窮匱。乞丐遍地。羣盜滿山。(10)即無外釁。精華已竭。將有他變。(11)方今當數十國之覬覦。值四千年之變局。盛暑已至而不釋重裘。病症已變而猶用舊方。未有不暍死而重危者也。

[12]竊以為今之為治。當以開創之勢治天下。不當以守成之勢治天下。當以列國並立之勢治天下。不當以一統垂裳之勢治天下。[13]蓋開創則更新百度。守成則率由舊章。[14]列國並立。則爭雄角智。一統垂裳。則拱手無為。[15]言率由則外變相迫。必至不守不成。言無為而諸夷交爭。必至四分五裂。[16]易曰。窮則變。變則通。[17]董仲舒曰。為政不調。甚者更張。乃可為理。[18]若謂祖宗之法不可變。則我世祖章皇帝何嘗不變太宗文皇帝之法哉。[19]若使仍以八貝勒舊法為治。則我聖清豈能久安長治乎。[20]不變法而割祖宗之疆土。馴至於亡。與變法而光宗廟之威靈。可以大強。孰輕孰重。孰得孰失。必有能辨之者。[21]不揣狂愚。竊為皇上籌自強之策。計萬世之安。非變通舊法。無以為治。……

……(22)舉人等草茅疏逖。何敢妄陳大計。自取罪戾。(23)但同處一家。深虞胥溺。譬猶父有重病。庶孽知醫。雖不得湯藥親嘗。亦欲將驗方呈進。(24)公羊之義。臣子一例。用敢竭盡其愚。惟皇上採擇焉。(25)不勝冒昧隕越之至。伏惟代奏皇上聖鑒。謹呈。

二十九、上清帝第二書

三十、上李鴻章書

孫　文

(1)宮太傅爵中堂鈞座。敬稟者。竊文籍隸粵東。世居香邑。曾于香港考授英國醫士。(2)幼嘗遊學外洋。於泰西之語言。文字。政治。禮俗。與夫天算。輿地之學。格物。化學之理。皆略有所窺。而尤留心於其富國強兵之道。化民成俗之規。(3)至於時局變遷之故。睦鄰交際之宜。輒能洞其竅奧。(4)當今民氣日開。四方畢集。正值國家勵精圖治之時。朝廷勤求政理之日。每欲以管見所知。指陳時事。上諸當道。以備芻蕘之採。嗣以人微言輕。未敢遽達。(5)比見國家奮籌富強之術。月異日新。不遺餘力。駸駸乎將與歐洲並駕矣。(6)快艦。飛車。電郵。火械。昔日西人之所恃以凌我者。我今亦已有之。其他新法。亦接踵舉行。(7)則凡所以安內攘外之大經。富國強兵之遠略。在當局諸公。已籌之稔矣。(8)又有軺車四出。則外國之一舉一動。亦無不週知。(9)草野小民。生逢盛世。惟有遨聽歡呼。聞風鼓舞而已。夫復何所指陳。(10)然而猶有所言者。正欲乘可為之時。以竭其愚夫之千慮。仰贊高深於萬一也。

(11)竊嘗深維歐洲富強之本。不盡在於船堅礮利。壘固兵強。而在於人能盡其才。地能盡其利。物能盡其用。貨能暢其流。(12)此四事者。富強之大經。治國之大本也。(13)我國家欲恢擴宏圖。勤求遠略。仿行西法。以籌自強。而不急於此四者。徒惟堅船利礮之是務。是舍本而圖末也。

(14)所謂人能盡其才者。在教養有道。鼓勵以方。任使得法也。……

(15)所謂地能盡其利者。在農政有官。農務有學。耕耨有器也。……

(16)所謂物能盡其用者。在窮理日精。機器日巧。不作無益以害有益也。……

(17)所謂貨能暢其流者。在關卡之無阻難。保商之有善法。多輪船鐵道之載運也。……

(18)夫人能盡其才。則百事興。地能盡其利。則民食足。物能盡其用。則材力豐。貨能暢其流。則財源裕。(19)故曰。此四者富強之大經。治國之大本也。(20)四者既得。然後修我政理。宏我規模。治我軍實。保我藩邦。歐洲其能匹哉。

(21)顧我中國仿效西法。於今已三十年。(22)育人才。則有同文。方言各館。水師。武備諸學堂。裕財源。則闢煤金之礦。立紡織製造之局。興商務。則招商輪船。開平鐵路。已先後輝映矣。(23)而猶不能與歐洲頡頏者。其故何哉。以不能舉此四大綱。而舉國並行之也。(24)間嘗統籌全局。竊以中國之人民材力。而能步武泰西。參行新法。其時不過二十年。必能駕歐洲而上之。蓋謂此也。…………

[25]伏維我中堂佐治以來。無利不興。無弊不革。艱鉅險阻。在所不辭。[26]如籌海軍。鐵路之難。尚毅然成之。況於農桑之大政。為生民命脈之所關。且無行之之難。又有行之之人。豈尚有不為者乎。[27]用敢不辭冒昧。侃侃而談。為生民請命。[28]伏祈採擇施行。天下幸甚。[29]肅此具稟。恭叩鈞綏。伏維垂鑒。文謹稟。

三十一、少年中國說

梁啓超

(1)日本人之稱我中國也。一則曰老大帝國。再則曰老大帝國。(2)是語也。蓋襲譯歐西人之言也。(3)嗚呼。我中國其果老大矣乎。(4)梁啓超曰惡是何言。吾心目中有一少年中國在。……

(5)梁啓超曰。我中國其果老大矣乎。是今日全地球之一大問題也。(6)如其老大也。則是中國為過去之國。即地球上昔本有此國。而今漸漸滅。他日之命運殆將盡也。(7)如其非老大也。則是中國為未來之國。即地球上昔未現此國。而今漸發達。他日之前程且方長也。(8)欲斷今日之中國為老大耶。為少年耶。則不可不先明國字之意義。(9)夫國也者何物也。(10)有土地。有人民。以居於其土地之人民。而治其所居之土地之事。自制法律而自守之。(11)有主權。有服從。人人皆主權者。人人皆服從者。(12)夫如是斯謂之完全成立之國。(13)地球上之有完全成立之國也。自百年以來也。(14)完全成立者。壯年之事也。(15)未能完全成立而漸進於完全成立者。少年之事也。(16)故吾得一言以斷之曰。歐洲列邦在今日為壯年國。而我中國在今日為少年國。

(17)夫古昔之中國者。雖有國之名。而未成國之形也。(18)或為家族之國。或為酋長之國。或為諸侯封建之國。或為一王專制之國。(19)雖種類不一。要之其於國家之體質也。有其一部而缺其一部。(20)正如嬰兒自胚胎以迄成童。其身體之一二官支。先行長成。此外則全體雖粗具。然未能得其用也。(21)故唐虞以前為胚胎時代。殷周之際為乳哺時代。由孔子而來至於今為童子時代。逐漸發達。而今乃始將入成童以上少年之界焉。(22)其長成所以若是之遲者。則歷代之民賊有窒其生機者也。(23)譬猶童年多病。轉類老態。或且疑其死期之將至焉。而不知皆由未完全未成立也。(24)非過去之謂。而未來之謂也。

(25)且我中國疇昔。豈嘗有國家哉。不過有朝廷耳。(26)我黃帝子孫聚族而居。立於此地球之上者既數千年。而問其國之為何名。則無有也。(27)夫所謂唐。虞。夏。商。周。秦。漢。魏。晉。宋。齊。梁。陳。隋。唐。宋。元。明。清者。則皆朝名耳。(28)朝也者。一家之私產也。國也者。人民之公產也。(29)朝有朝之老少。國有國之老少。朝與國既異物。則不能以朝之老少而指為國之老少明矣。(30)文。武。成。康。周朝之少年時代也。幽。厲。桓。赧。則其老年時代也。高。文。景。武。漢朝之少年時代也。元。平。桓。靈。則其老年時代也。(31)自餘歷朝。莫不有之。(32)凡此者謂為一朝之老也則可。謂為一國之老也則不可。(33)一朝廷之老且死。猶一人之老且死也。於吾所謂中國者何與焉。(34)然則吾中國者。前此尚未出現於世界。而今乃始萌芽云爾。(35)天地大矣。前途遼矣。美哉我少年中國乎。

三十二、革命軍（節選自革命軍第六章革命獨立之大義 第七章結論）

鄒容

(1)自格致學日明。而天予神授為皇帝之邪說可滅。自世界文明日開。而專制政體一人奄有天下之制可倒。自人智日聰明。而人人皆得有天賦之權利可享。(2)今日今日。我皇漢人民永脫滿洲之羈絆。盡復所失之權利。而介於地球強國之間。(3)蓋欲全我天賦平等自由之位置。不得不革命而保我獨立之權。(4)嗟予小子。無學頑陋。不足以言革命獨立之大義。兢兢業業。謹模擬美國革命獨立之義。約為數事。再拜頓首敬獻於我最敬最親愛之皇漢人種四萬萬同胞前。以備采行焉。條述如左

(5)一中國為中國人之中國。我同胞皆須自認為自己的漢種中國人之中國。

(6)一不許異種人沾染我中國絲毫權利。

(7)一所有服從滿洲人之義務一律消滅。

(8)一先推倒滿洲人所立之北京野蠻政府。

(9)一誅殺滿洲人所立之皇帝。以儆萬世不復有專制之君主。

(10)一凡為國人。男女一律平等。無上下貴賤之分。

(11)一生命自由及一切利益之事。皆屬天賦之權利。

(12)一定名「中華共和國」。（清為一朝之名號。支那為外人呼我之詞）

(13)一「中華共和國」為自由獨立之國。

(14)一立憲法。悉照美國憲法。參照中國性質立定。

(15)皇天后土。實共鑒之。

(16)我皇漢民族四萬萬男女同胞。老年。晚年。中年。壯年。少年。幼年。其革命。(17)其以此革命為人人應有之義務。(18)其以此革命為日日不可缺之飲食。(19)爾毋自暴。爾毋自棄。(20)爾之土地佔亞洲三分之二。爾之同胞有地球五分之一。爾之茶供全世界億萬衆之飲料而有餘。爾之煤供全世界二千年之燃料而無不足。爾有黃禍之先兆。爾有種族之勢力。(21)爾有政治。爾自司之。爾有法律。爾自守之。爾有實業。爾自理之。爾有軍備。爾自整之。爾有土地。爾自保之。爾有無窮無盡之富源。爾須自揮用之。(22)爾實具有完全不缺的革命獨立之資格。(23)爾其率四萬萬同胞之國民為同胞請命。為祖國請命。(24)擲爾頭顱。暴爾肝腦。與爾之世仇滿洲人。與爾之公敵愛新覺羅氏。相馳騁於槍林彈雨中。然後再掃蕩干涉爾主權外來之惡魔。(25)則爾歷史之污點可洗。爾祖國之名譽飛揚。(26)爾之獨立旗已高標於雲霄。爾之自由鐘已哄哄於禹域。爾之獨立廳已雄鎮於中央。爾之紀念碑已高聳於高岡。爾之自由神已左手指天。右手指地。為爾而出現。(27)嗟夫。天清地白。霹靂一聲。驚數千年之睡獅而起舞。(28)是在革命。是在獨立。(29)皇漢人種革命獨立萬歲。「中華共和國」萬歲。「中華共和國」四萬萬同胞的自由萬歲。

三十三、三十自述

梁啓超

(1)余生同治癸酉正月二十六日。實太平國亡於金陵後十年。清大學士曾國藩卒後一年。普法戰爭後三年。而意大利建國羅馬之歲也。(2)生一月而王母黎卒。(3)逮事王父者十九年。(4)王父及見之孫八人。而愛余尤甚。(5)三歲。仲弟啓勳生。(6)四五歲。就王父及母膝下授四子書。詩經。夜則就睡王父榻。(7)日與言古豪傑哲人嘉言懿行。而尤喜舉亡宋亡明國難之事。津津道之。(8)六歲後。就父讀。受中國略史。五經卒業。(9)八歲。學為文。九歲。能綴千言。(10)十二歲。應試學院。補博士弟子員。(11)日治帖括。雖心不慊之。然不知天地間於帖括外更有所謂學也。(12)輒埋頭鑽研。顧頗喜詞章。(13)王父。父。母時授以唐人詩。嗜之過於八股。(14)家貧無書可讀。惟有史記一。綱鑑易知錄一。(15)王父。父日以課之。故至今史記之文能成誦八九。(16)父執有愛其慧者。贈以漢書一。姚氏古文辭類纂一。則大喜。讀之卒業焉。

(17)父慈而嚴。督課之外。使之勞作。(18)言語舉動稍不謹。輒呵斥不少假借。(19)常訓之曰。汝自視乃如常兒乎。至今誦此語不敢忘。(20)十三歲。始知有段王訓詁之學。大好之。漸有棄帖括之志。(21)十五歲。母趙恭人見背。以四弟之產難也。(22)余方游學省會。而時無輪舶。奔喪歸鄉。已不獲親含殮。終天之恨。莫此為甚。(23)時肄業於省會之學海堂。堂為嘉慶間前總督阮元所立。以訓詁詞章課粵人者也。(24)至是乃決舍帖括以從事於此。不知天地間於訓詁詞章之外。更有所謂學也。(25)己丑。年十七。舉於鄉。主考為李尚書端棻。王鎮江仁堪。(26)年十八。計偕入京師。父以其稚也。挈與偕行。(27)李公以其妹許字焉。(28)下第歸。道上海。從坊間購得瀛環志略讀之。始知有五大洲各國。(29)且見上海製造局譯出西書若干種。心好之。以無力不能購也。

[30]其年秋。始交陳通甫。通甫時亦肄業學海堂。以高才生聞。[31]既而通甫相語曰。吾聞南海康先生上書請變法不達。新從京師歸。吾往謁焉。其學乃為吾與子所未夢及。吾與子今得師矣。[32]於是乃因通甫修弟子禮事南海先生。[33]時余以少年科第。且於時流所推重之訓詁詞章學頗有所知。輒沾沾自喜。[34]先生乃以大海潮音。作師子吼。取其所挾持之數百年無用舊學。更端駁詰。悉舉而摧陷廓清之。自辰入見。及戌始退。[35]冷水澆背。當頭一棒。[36]一旦盡失其故壘。惘惘然不知所從事。[37]且驚且喜。且怨且艾。且疑且懼。與通甫聯牀竟夕不能寐。[38]明日再謁。請為學方針。[39]先生乃教以陸王心學。而並及史學西學之梗概。自是決然舍去舊學。[40]自退出學海堂。而間日請業南海之門。生平知有學自茲始。

三十四、文學改良芻議

胡　適

(1)今之談文學改良者衆矣，(2)記者末學不文，何足以言此？(3)然年來頗於此事再四研思，輔以友朋辯論，其結果所得，頗不無討論之價值。(4)因綜括所懷見解，列爲八事。分別言之。以與當世之留意文學改良者一研究之。

(5)吾以爲今日而言文學改良，須從八事入手。(6)八事者何

一曰、須言之有物。

二曰、不摹倣古人。

三曰、須講求文法。

四曰、不作無病之呻吟。

五曰、務去爛調套語。

六曰、不用典。

七曰、不講對仗。

八曰、不避俗字俗語。

[7] 一曰須言之有物。

[8] 吾國近世文學之大病。在於言之無物。[9] 今人徒知『言之無文。行之不遠』；而不知言之無物，又何用文為乎？[10] 吾所謂『物』，非古人所謂『文以載道』之說也。[11] 吾所謂『物』，約有二事：

[12]（一）情感　詩序曰：『情動於中而形諸言。[13] 言之不足，故嗟歎之，嗟歎之不足，故詠歌之。[14] 詠歌之不足，不知手之舞之，足之蹈之也。』[15] 此吾所謂情感也。[16] 情感者，文學之靈魂。[17] 文學而無情感，如人之無魂，木偶而已，行尸走肉而已。[18]（今人所謂『美感』者，亦情感之一也。）

[19]（二）思想　吾所謂『思想』，蓋兼見地，識力，理想，三者而言之。[20]思想不必皆賴文學而傳，而文學以有思想而益貴；[21]思想亦以有文學的價值而益貴也：[22]此莊周之文，淵明老杜之詩，稼軒之詞，施耐菴之小說，所以夐絕千古也。[23]思想之在文學，猶腦筋之在人身。[24]人不能思想，則雖面目姣好，雖能笑啼感覺，亦何足取哉？文學亦猶是耳。

[25]文學無此二物，便如無靈魂無腦筋之美人，雖有穠麗富厚之外觀，抑亦末矣。[26]近世文人沾沾於聲調字句之間，[27]既無高遠之思想，又無真摯之情感，[28]文學之衰微，此其大因矣。[29]此文勝之害，所謂言之無物者是也。[30]欲救此弊，宜以質救之。[31]質者何？情與思二者而已。……………

[32]八曰不避俗語俗字

(33)吾惟以施耐菴、曹雪芹、吳趼人、為文學正宗、故有「不避俗字俗語」之論也。（參看上文第二條下）(34)蓋吾國言文之背馳久矣。(35)自佛書之輸入，譯者以文言不足以達意，故以淺近之文譯之，其體已近白話。(36)其後佛氏講義語錄尤多用白話為之者，是為語錄體之原始。(37)及宋人講學以白話為語錄，此體遂成講學正體。（明人因之。）(38)當是時，白話已久入韻文，觀唐宋人白話之詩詞可見也。(39)及至元時，中國北部已在異族之下，三百餘年矣。（遼金元）(40)此三百年中，中國乃發生一種通俗行遠之文學。(41)文則有水滸、西遊、三國……之類，(42)戲曲則尤不可勝計。(43)（關漢卿諸人，人各著劇數十種之多。吾國文人著作之富，未有過於此時者也。）(44)以今世眼光觀之，則中國文學當以元代為最盛；可傳世不朽之作，當以元代為最多：此可無疑也。(45)當是時，中國之文學最近言文合一，白話幾成文學的語言矣。[46]使此趨勢不受阻遏，則中國幾有一『活文學出現，』[47]而但丁路得之偉業，[48]（歐洲中古時，各國皆有俚語，而以拉丁文為文言，凡著作書籍皆用之，如吾國之以文言著書也。[49]其後意大利有但丁（Dante）諸文豪，始以其國俚語著作。[50]諸國踵興，國語亦代起。[51]路得（Luther）創新教始以德文譯「舊約」「新約」，遂開德文學之先。[52]英法諸國亦復如是。[53]今世通用之英文「新舊約」乃一六一一年譯本，距今才三百年耳。[54]故今日歐洲諸國之文學，在當日皆為俚語。迨諸文豪興，始以「活文學」代拉丁之死文學；有活文學而後有言文合一之國語也。）[55]幾發生於神州。[56]不意此趨勢驟為明代所阻，[57]政府既以八股取士，而當時文人如何李七子之徒，又爭以復古為高，[58]於是此千年難遇言文合一之機會，遂中道夭折矣。[59]然以今世歷史進化的眼光觀之，則白話文學之為中國文學之正宗，又為將來文學必用之利器，可斷言也。[60]（此「斷言」乃自作者言之，贊成此說者今日未必甚多也。）[61]以此之故。吾主張今日作文作詩，宜採用俗語俗字。[62]與其用三千年前之死字，（如「於鑠國會，遵晦時休」之類）不如用二十世紀之活字；與其作不能行遠不能普及之秦漢六朝文字，不如作家喻戶曉之水滸西遊文字也。

[63]結　論

[64]上述八事，乃吾年來研思此一大問題之結果。[65]遠在異國，既無讀書之暇晷，又不得就國中先生長者質疑問難，[66]其所主張容有矯枉過正之處。[67]然此八事皆文學上根本問題，一一有研究之價值。[68]故草成此論，以為海內外留心此問題者作一草案。[69]謂之芻議，猶云未定草也，[70]伏惟國人同志有以匡糾是正之。

民國六年、一月。

EXERCISES

Translation from Chinese (Related to Texts 1-22)

Note: The letters A, B, C, etc. before the exercise sentences related to Texts 1 to 6 refer to the sections of the Commentaries on these Texts which are illustrated by these sentences.

The numbers in parentheses in the exercises related to Texts 7, 8, 9, 11 refer to segments of those Texts.

Beginning with Texts 10, most of the exercises take the form of continuous passages. For convenience of reference these are divided into numbered segments. The numbers in parentheses used for this purpose are independent of those used in the main texts.

It is suggested that the sentences related to Texts 1 to 6 be translated into Modern Chinese as well as into English.

文言譯英文練習

注意：前六篇練習句前之英文字母(A,B,C 等) 係指文法注釋部分內之分段；六篇後之阿拉伯字((1),(2),(3)等)係指選文內之分段。前六篇之練習句，譯為英文時，宜附上白話譯文。

1. 吉凶

A 1. 兒擊烏

2. 兒以鴉鳴凶之故擊鴉

3. 父知擊鴉者兒也

B 4. 烏鳴

5. 鴉以兒擊之之故鳴

6. 父以兒擊鴉之故言

C 7. 樹高

8. 樹高於兒

9. 人之言吉

10. 人之智高

11. 烏之智不高

D 12. 擊鴉者兒也

13. 吉者鵲鳴也

14. 凶者鴉鳴也

2. 影

A 1. 一鴉鳴於樹上

2. 一鵲戲於樹下

3. 一兒擊鴉群鳥皆鳴

4. 院中有高樹

5. 鳥之鳴有凶有吉

6. 汝忘汝父之言

B 7. 兒急行於月下

8. 其友急隨之

9. 鴉忽鳴兒忽以石擊之

10. 鵲初鳴

11. 鵲之鳴甚吉鴉之鳴甚凶

C 12. 群鳥皆急鳴

13. 群兒皆有影隨之

14. 鳴於樹上者皆鴉

15. 擊鴉者乃兒之父

16. 一夕群鴉鳴於樹上

17. 有頃一兒以石擊之

18. 明月初上之時兒隨其父行於院中

19. 院中群兒戲於月下

20. 樹上鵲鳴樹下兒戲

21. 群鴉中有一鴉能知吉凶

22. 當鳥鳴於樹上之時兒以石擊之

3. 不識字

Aa 1. 群兒且歌且戲

2. 虎既大且高

3. 兒擊鴉且捕鵲

4. 鳥之鳴不吉不凶

Ab 5. 設阱以捕虎

6. 兒誤擊其友而傷之

7. 鄉人高歌而行

8. 兒急行以隨其父

Ba 9. 月下影隨人行

10. 虎過阱而不墮獵人急以石擊之

11. 父為兒說吉凶之義

12. 兒為其友捕鳥

13. 獵人何以謀捕虎

14. 獵人以虎傷人之故謀捕之

Bb 15. 群鳥歌於樹上

16. 群兒戲於樹下

17. 虎傷人於牆下

18. 兒謀擊鴉乃伺之於樹下

Bc 19. 鄉人何以墮於阱中

20. 鄉人以不識字之故墮於阱中

Ca 21. 設阱而捕虎者獵人也

22. 戲於院中者兒也鳴於樹上者鳥也

23。 隨人行於月下者何物也 (9(3))

24. 誤踏虎阱而墮於其中者鄉人也

25. 鳥之能知吉凶者鴉也

26. 字之大且著者獵人之所書

也

Cb 27. 兒忘其父所言

28. 鳥不知人之所知

29. 鄉人不識獵人所書之字

30. 兒不明其父所言之義

31. 獵人之所捕者虎也

32. 虎所傷者畜也

33. 鄉人之所不識者書於牆上之字也

34. 獵人之所以謀捕虎者以虎害人且傷畜也

35. 兒之所以有影隨之者以其行於月下也

4. 鴉

A 1. 非獨群兒樂群鳥亦樂

2. 非獨兒有影隨之兒之友亦有之

3. 非獨鄉人不識字鄉人之父亦不識字

4. 山高水深

5. 人行鳥飛

Ba 6. 人若行於月下則地上有人影

7. 鄉人若識字則不至墮於阱中

8. 使虎識字則獵人不得設阱而捕之矣

9. 使虎不傷畜則獵人不謀捕之矣

10. 兒雖以石擊鴉鴉猶大鳴

11. 鵲之鳴雖吉兒亦以石擊之

12. 今阱甚深縱虎高亦不得出

13. 鄉人不識字縱汝書大字於牆上鄉人亦不知之

Bb 14. 獵人知山中有虎乃欲捕之

15. 久之兒似覺有虎隨之乃急呼獵人

16. 虎見牆下有一阱乃投石於阱中

17. 有頃石積阱滿虎乃得不墮於阱中

18. 獵人不得虎而得石遂大不樂

Bc 19. 樹高影長

20. 人行影隨

21. 不設阱不得捕虎

Ca 22. 父大呼十次兒猶不至

23. 鄉人飲水十餘壺其渴猶不解

24. 獵人謀捕虎十餘次乃得一虎

Cb 25. 兒樂甚

26. 父急甚

27. 鴉鳴若吉兒豈擊之哉

28. 虎若不害人人豈謀捕之哉

29. 鄉人若止步豈墮於阱中哉

30. 水飲渴解

31. 阱設虎遂捕

32. 石投於壺中壺水上升

5. 善射者

Aa 1. 鴉鳥也

2. 虎害人者也

3. 捕虎者誰也

4. 捕虎者獵人也

5. 墮於阱中者誰也

6. 投石於壺中者鴉也

Ab 7. 鄭之善射者為子濯孺子

8. 虎非鳥也

Ac 9. 鳴於樹上者必非鵲也

Ad 10. 墮於阱中者乃不識字之鄉人也

11. 衛之善射者即庾公之斯

Ac 12. 鴉鵲皆鳥也

B 13. 虎傷人

14. 院中有兒擊鴉

15. 鴉渴甚欲飲水

16. 父使兒告其友

17. 獵人使其僕設阱於牆下

18. 獵人使其徒往捕虎其徒不識虎誤捕一畜而返

19. 父欲兒捕虎乃使之設阱於牆下

C 20. 兒欲以弓射鳥

21. 其父止之告之以故

22. 群兒戲於院中之牆下

23. 父告兒曰隨汝者汝之影也

24. 子濯孺子問其僕曰追我者誰也

6. 山水

A 1. 張生之故鄉(1(7))地大人衆

2. 李生之故鄉山明水秀

3. 斯溪水清

4. 斯處人衆

5. 張生智高而言明

B 6. 明山與秀水浮雲與飛鳥皆使遊人樂而忘返

7. 鵲與鴉皆鳥也其鳴有吉有凶

8. 君子與小人皆人也其言有明有不明

9. 君子不言其所不知

10. 風之和日之麗山之明水之秀皆使人心曠神怡

11. 善遊者不遊於衆人所至之處

12. 登高山者可以知天地之大

13. 及庾公之斯之至也子濯孺子疾作

14. 當兒之戲於院中也鴉鳴於樹上

15. 當鴉之鳴於樹上也兒以石擊之

16. 兒俯視山之下則見流水與行人馬

17. 水流十數里

18. 鳥飛數十里

19. 兒擊鴉十餘次

20. 鄉人告獵人曰山之東有虎獵人遂東

C 21. 虎非唯傷人且亦害畜

22. 張生非唯善言且亦善歌

23. 樂山者仁樂水者智

24. 李生非君子亦非小人

25. 虎鳴吉乎抑凶乎

D 26. 識字然後知牆上所書之義

27. 不出遊不知山水之秀麗

28. 不識字不明書中之義

29. 張生行至山之東則見一小溪焉

第一篇至第六篇總練習

I. 第二篇 D Sentence adjuncts

1. 一夕群鳥皆大鳴於院中之樹上
2. 有頃兒忽見其父且歌且行於月下
3. 一日之中張生登山數次

II. 第三篇 Aa Verb phrases with compound nuclei

4. 院中有兒且歌且戲
5. 張生遊於山中既樂且怡
6. 獵人執弓而追虎且追且射

III. 第三篇 Ab Verb phrases with complex nuclei

7. 鄉人飲水以解渴
8. 徒射虎以救其師
9. 兒急行以追其友
10. 李生高歌而樂
11. 庾公之斯去其矢之金而射尹公之他
12. 張生登西山而大呼
13. 二生俯視其影而笑

IV. 第一篇 A, B; 第三篇 B Adjunct and complement coverbals

14. 兒以弓矢射鳥於山下
15. 鄉人以石擊鳥鳥墮於地上

16. 庾公之斯以無金之矢射尹公之他

17. 尹公之他以故得生返於鄭

18. 善遊者為不善遊者說山水之樂

V. 第六篇 B Compound nominal phrases

19. 虎至獵人與鄉人皆大恐

20. 子濯孺子與庾公之斯皆善射者也

21. 智者與仁者皆君子也然所樂不同

VI. 第二篇 A; 第三篇 Cb; 第六篇 B Complex nominal phrases

22. 長頸之鳥得飲深壺之水

23. 不識字之鄉人不知牆上所書之義

24. 甚渴之鴉投石於院中之水壺中

VII. 第一篇 D; 第五篇 A Nominal predicates

25. 張生與李生皆善遊者也

26. 城西之山衆人所遊之處也

27. 非唯樂山且亦樂水者樂天者也

VIII. 第六篇 A S — P predicates

28. 君子心善而言吉

29. 獵人疾作見虎而不得捕之

IX. 第四篇 A; 第六篇 C Compound sentences

30. 鄭人善射衛人亦善射

31. 智者樂水我亦樂水我豈智者乎

32. 汝君子乎抑小人乎

33. 登高山者非唯見天地之大且亦知人之微也

34. 非獨鴉之鳴不吉鵲之鳴亦不吉

35. 非唯其師為小人其徒亦為小人

X. 第四篇 B; 第六篇 D Complex sentences

36. 鴉若不投石於壺中豈得飲水哉

37. 庾公之斯之師若非尹公之他之徒則庾公之斯必射死子濯孺子

38. 人之智雖高於鳥之智而人亦不能知吉凶

39. 鴉縱不鳴兒亦以石擊之

40. 溪水不清汝縱俯視之亦不見汝影

41. 不捕虎不得為鄉民去害

42. 仰視浮雲飛鳥俯視流水行人然後得心曠神怡

7. 畫蛇添足

(1) 1. 鄭有獵者賜其僕一虎

2. 父賜兒以書

3. 兒以其所捕得之鳥與吾父

(2) 4. 群兒相戲（TV 2 (1)）曰有虎隨我

5. 張生與李生相語於高山之上

(3) 6. 壺中之水數鴉飲之不足一鴉飲之有餘

7. 捕虎之事一人為之則力不足數人為之則力有餘

(4) 8. 請以矢射鳥先得者飲酒

9. 請以石擊壺中（25 (3)）者得壺

(5) 10. 鴉見壺中有水伸頸且飲之

11. 張生見一高山舉（18 (20)）足且登之李生曰 山中有虎

(6) 12. 張生乃右手持矢左手持弓大呼曰虎至虎至

(7) 13. 吾能為之添足

14. 獵人為鄉人捕虎

15. 張生為李生說山水之樂

(8) 16. 一舍人所畫之蛇先成

17. 鄉人所作之酒既成祠者請其舍人飲之

18. 張生之畫成

19. 一舍人以矢射鳥矢未出鳥先墮於地上

(9) 20. 鴉固無智子安能使之言吉凶

21. 城牆固不高子安能高之

22. 不識字者終墮於虎阱中

23. 不登高山者終不知天地之大

8. 太王去邠

(3) 1. 獵人設阱以伺虎

2. 舍人欲竭力以事其君

3. 張生與李生往西山而遊及至則見有虎焉

4. 樹高則鴉至焉山深則虎往焉君行仁義則民歸焉

(4) 5. 鴉欲飲壺中之水壺深水淺如之何則可

6. 舍人曰如之何則可以追侵者

(7) 7. 縱小國事大國以犬馬皮幣大國猶不知足

8. 太王告民以其去邠之故

(8) 9. 父屬皃而告之曰鴉不以鳴凶之故害人不可以石擊之

(9) 10. 舍人之所欲者乃得酒而飲之也

11. 皃所擊者不識字之鄉人也

(10) 12. 徒曰我不忍以所得於師者反害師

(14) 13. 邠人之從太王者甚衆

14. 鄉人從李生遊於城西之山上

(17) 15. 衛君使庾公之斯追射子濯孺子子濯孺子乃庾公之斯之師之師從君與事師二者庾公之斯不知何擇

9. 大　　學

(1)　1. 為學之道在明事物之微在知天地之大在止於至智

2. 獵人之意在捕虎

(2)　3. 學文學 (28 (20)) 而后能知一國之歷史 (34 (59)) 知一國之歷史而后能親其民

4. 學然後知［己之］不足（禮記學記）

5. 登高山然後能心曠神怡

(3)　6. 物有大小事有吉凶

(4)　7. 知所當修所當正則明為人之道矣

8. 知遊山水之樂則可以心曠神怡矣

(5)　9. 今之欲親一國之民者先明其文學

(6)　10. 欲捕虎者先設阱

11. 君子必誠其意

(7)　12. 設阱之意在捕虎未設阱何以能捕之

(8)　13. 阱設而后虎捕

14. 虎捕而后害去

15. 家未齊而能齊人者無之

10. 以五十步笑百步

注意：自第十篇起，文言譯英文之練習將包括較長之敍述文或其他選文，該等文字，亦如課文本文，將以阿拉伯字分為小段。又自第十篇之文言譯英文練習起，凡於課文中尚未見之生字，將附有註釋於各該課之生字註釋之後。

(1) 梁惠王者戰國時魏國之君也居大梁故謂之曰梁惠王 (2) 孟子往見之為之說仁義之道 (3) 梁惠王欲強其國以霸於天下 (4) 國之強在多民故梁惠王乃盡力於多民之事 (5) 然時曠日久而魏國之民未見多梁惠王遂問其故於孟子 (6) 梁惠王言其於國事皆盡心焉河內之地若遇凶年則移其地之民於河東使得就食焉 (7) 又移河東之粟於河內以食未移之民 (8) 河東之地遇凶年亦如此 (9) 梁惠王見他國之君無如其用心於國事者因問他國之民未見少而魏國之民未見多其故何也 (10) 孟子乃對曰王既好戰則請王許我以戰爭喻其故 (11) 今兩國相戰鼓擊兵進兵士所持之兵器之刃已相接矣有人棄其甲曳其兵而亡走 (12) 一人走百步而後止一人走五十步而後止走五十步者以其步少於走百步者之步笑之王以為何如 (13) 梁惠王曰走五十步者不當笑走百步者也彼雖未走百步然亦亡走矣豈當以五十步之少笑他人哉 (14) 孟子曰王若知此則不當望王之民多於他國之民 (15) 王雖盡心於國事然亦不能行仁義 (16) 王之於他國之君正如走五十步者之於走百步者相去甚微也

11. 兼 愛

(1)-(3)

1. 臣者以事君為事者也必知君之所好乃能事之不知君之所好則弗能事

(4)-(6)

2. 譬之如子之事父者然必知父之所好乃能事之不知父之所好則弗能事

3. 未有上好仁而下不好義者

(10)-(12)

4. 臣者以事君為事者也不可不察君之所好如察君何好君皆好利

(13)-(16)

5. 君之不親民所謂不仁也君自愛不愛民故賊民以自利

(18)-(21)

6. 天下之惡事雖小若獵人之捕虎兒之擊鵝亦所謂不仁也獵人愛己之生不愛虎之生故捕虎以自利兒自愛不愛鳥故傷鵝以自樂

7. 人皆愛其家室雖盜賊亦然

(23)-(29)

8. 天下之事雖小如飲食亦有道也盜人之食而食之奪人之飲而飲之小人之道也己之飲食則飲食之人之飲食則不飲食之君子之道也

(30)-(31)

9. 修身齊家治國平天下聖人之事也天下之善事具於此矣人何以能為此善事人皆以正心誠意致知格物為之

(32)-(42)

10. 若使天下人皆相知以己之所欲施之於人猶有與人爭而傷人者乎

(45)

11. 若使天下之民皆盡心於修身齊家天下之君皆盡心於治國則人與人不相爭國與國不相攻而天下平矣

(47)

12. 人修身則能至於至善不修身則不能大學之所以勸人修身者以此故也

13. 為人上而不能治其下為人下而不能事其上則是上下相賊也（尚同下）

14. 諸侯相愛則不野戰家主相愛則不相篡人與人相愛則不相賊（兼愛中）

15. 然則何以知天之欲義而惡不義曰天下有義則生無義則死有義則富無義則貧有義則治無義則亂然則天欲其生而惡其死欲其富而惡其貧欲其治而惡其亂此我所以知天欲義而惡不義也（天志上）

12. 魚　之　樂

(1) 莊子者戰國時梁人也名周與梁惠王同時惠子者戰國時宋人也名施與莊子為友(2) 惠子嘗為梁惠王相莊子往見之二人共遊於濠水之上(3) 是日也風和日麗濠水清明鳥飛於其上魚遊於其中皆得其樂(4) 莊子與惠子亦心曠神怡莊子俯視水中見鯈魚二三成群從容遊於其中或上或下時遠時近(5) 乃嘆曰鯈魚從容而遊是魚之樂也人豈能及之哉(6) 惠子不以為然問莊子曰子非魚又不善遊於水中何以能知魚之樂(7) 莊子反問曰子非我安知我無知魚之樂之道(8) 惠子曰我非子當不能知子然子既非魚則子亦當不能知魚矣(9) 莊子曰事皆有本末請從其本言之子既問我云汝安知魚之樂則子已知我不能知魚之樂也(10) 子非我而能知我之不知魚之樂則我雖非魚當亦可知魚之樂

13. 屠羊說不受賞

(1)

1. 善射者失弓復得而大樂

(2)

2. 鳥飛而止於樹上

(3)

3. 屠羊說反家將殺其所畜而及其馬馬曰我有功於子子何為殺我

(5)

4。君復其國民復其家

(6)

5. 父得高爵子亦得富祿

(7)

6。楚國之兵已去矣又何避之有

7. 汝之羊已屠矣又何失之有

(10)

8. 張生遠行其僕隨之道中張生失金而復得欲賞其僕僕曰子失金非我之過故不敢當其罪子得金非我之力故不敢得其賞

(12)

9. 大學之道必修身齊家治國而後得平天下

10. 楚國之軍法不戰而走者必受誅

(13)

11. 鄉人勇不足以捕虎而智不足以識字

12. 楚昭王智不足以知人而仁不足以愛人

(14)

13. 張生謂李生曰今日子來我與一友出城而遊故不得見非故不見子也

(15)

14. 欲強其國者必先明其法修其約楚昭王廢法毀約故其國不強而終敗於吳

(17)

15. 莊子文淺明而義甚深

16. 梁國地大而民不衆

(18)

17. 梁惠王延士以爵祿而不以仁義故士不至

(19)-(21)

18. 夫吳國之君吾知其仁於楚國之君也吳國之祿吾知其厚於楚國之祿也然吾豈可以貪安樂之故而事寇乎

(22)

19. 鄉人不敢當大夫之位遂復反其舊業

其 他 練 習 句

20. 醫者以攻疾為事者也

21. 人攻人國攻國則天下大亂

22. 不知其始安知其終

23. 子不養父母又虧父母而自利此所謂不孝也

24. 父慈己子而不慈人子此亦不能謂之兼愛

25. 虧人者人必虧之

26. 天下之亂起於上下相虧

27. 慈父必有孝子

28. 明王之愛民猶父之慈子忠臣之事君猶子之孝父

29. 君不愛民故其國不治父不慈子故其家不齊

14. 馮諼客孟嘗君

史記所載馮諼故事據史記孟嘗君列傳改寫

(1) 孟嘗君姓田名文其父封於薛父死田文代立號為孟嘗君後為齊相 (2) 孟嘗君好士嘗有食客三千人 (3) 馮諼往就食焉孟嘗君乃使之居於傳舍傳舍者下客所居也 (4) 孟嘗君分客為上中下三等上者居於代舍中者居於幸舍下者居於傳舍 (5) 馮諼居傳舍十日孟嘗君問傳舍長曰客何為 (6) 對曰馮先生甚貧僅有一劍耳嘗彈其劍而歌曰長鋏歸來乎食無魚孟嘗君乃移之於幸舍食有魚矣 (7) 五日又問舍長對曰客復彈劍而歌曰長鋏歸來乎出無車孟嘗君移之於代舍出入乘車矣 (8) 五日孟嘗君復問舍長舍長曰先生又嘗彈劍而歌曰長鋏歸來乎無以為家孟嘗君不悅 (9) 居朞年孟嘗君欲收債於薛問何人可使 (10) 傳舍長曰代舍客馮公可孟嘗君乃使馮諼往收債 (11) 馮諼至薛收得息錢十萬然民之不能與息者甚衆 (12) 馮諼乃多以錢買牛酒使吏告諸取孟嘗君錢者能與息者皆來不能與息者亦來皆持取錢之券書以合之 (13) 會之日殺牛具酒酒酣馮諼乃持券合之能與息者與之約定還本之日貧而不能與息者取其券而燒之坐者皆起再拜 (14) 孟嘗君聞之怒而使使召馮諼 (15) 諼至孟嘗君曰先生何以具牛酒而燒券書 (16) 馮諼對曰不多具牛酒即不能畢會無以知誰有餘誰不足有餘者與之約還本之日不足者雖責之亦無益徒使之逃亡不如燒其券以明君德而令薛民親君孟嘗君乃謝馮諼 (17) 後齊王不用孟嘗君為相孟嘗君之食客皆去 (18) 唯馮諼西入秦勸秦王用孟嘗君秦王從之使使延

孟嘗君(19)馮諼先至齊告齊王曰今臣竊聞秦使使迎孟嘗君孟嘗君不西則已西入相秦則天下歸之而齊危矣王何不先秦使之未到復用孟嘗君(20)齊王曰善復孟嘗君相位(21)孟嘗君見馮諼而嘆曰前者諸客見文廢皆負文而去今因先生之力而得復其位諸客如有復來見文者必羞之(22)馮諼曰富貴多士貧賤寡友事之固然也不足以怪客願君好士如故(23)孟嘗君曰敬從命矣

15. 魚我所欲也

1. 富貴我所願也仁義我所重也二者不可兼得舍富貴而取仁義也

2. 鄰人之子我所愛也吾兄之子亦我所愛也使二者不得兼愛則舍鄰人之子而愛吾兄之子也其故何也以我之愛吾兄之子甚於我之愛鄰人之子也

3. 珍寶人之所欲也然人之所欲有甚於珍寶者故人不盡為盜賊也貧賤人之所惡也然人之所惡有甚於貧賤者故人不盡求富貴也

4. 使孟嘗君之所好莫甚於利則馮諼猶敢為孟嘗君燒券契以市義乎使天下之人皆自愛而不愛人則天下猶有忠臣孝子仁君慈父乎

5. 竊異室則可以富然而人多不願為盜賊也廢法毀約則可以貴而天下有不願為之者也由是知人之所貴有大於富貴而人之所惡有甚於貧賤也

6. 兼愛之道人非獨當愛己之父母也人之父母亦當愛之

第七篇至第十五篇總練習

I. 第二篇 D Sentence adjuncts

1. 人情一日不再食則飢（論貴粟疏）

2. 趙王曰自古賢人未有及公子者也（史記）

3. 一日莊子忽以己為鯈魚乃於濠梁之下出遊從容

4. 當鼓鳴之時齊軍皆進以與敵人接兵

II. 第五篇 A Nominal predicates

5. 欲正其心而不先誠其意者不知事物之本末者也

6. 君父之不慈臣子此所謂亂也

7. 孝父母乃為人子者當行之事也

8. 盜賊之所欲者利而已矣

9. 格物為致知之本

10. 粟者民之所種生於地而不乏（漢書）

III. 第三篇 A Verbal phrases with composite nuclei

11. 李生引弓以射犬張生急曰犬既不害人且不傷畜不當射之李生遂止

12. 君子雖貧而樂雖富而好義

13. 君使人市物以上其老母

14. 左右皆笑其歌而惡其貪

15. 馮諼之老母倚門而望其子之歸

IV. 第三篇 B Adjunct and complement coverbals

16. 君子安貧不患乎無衣無食

17. 太王告民以去邠之故

18. 墨子以勸人相愛聞於天下

19. 莊子自濠梁之上視鯈魚遊於梁下

20. 畫人物難於畫山水

21. 諸侯之好富貴甚於好禮義

22. 王沉於酒肉美人不問國事

23. 為家而生不如為國而死

V. 第五篇 Bb S — P objects

24. 漢有善射者應漢帝之請射鹿於上林

25. 孟嘗君門下有馮諼者矯君之命以責賜諸民

26. 聖王之治在使民豐於衣足於食衣食足而后知禮義

27. 張生見李生不樂乃約之往西山而遊

VI. 第三篇 Ca, Cb Nominal phrases

28. 人莫不欲生然人之所欲有甚於生者故有舍生而取義者也

29. 珠吾所欲也玉亦吾所欲也二者不可得兼如之何則可

30. 梁國之民所以不加多者以梁惠王不撫愛子其民也

31. 諸生相謂曰愛人者人必愛之何不學兼愛於墨子

32. 欲捕虎者必知虎之所在不知虎之所在安能捕之

33. 此所未嘗聞也所未嘗見也

34. 諸生問師之所自來

35. 孟子曰人之所不學而能者其良能也所不慮而知者其良知也（孟子）

36. 聞所聞而來見所見而去（晉書）

VII. 第四篇 A 第六篇 C Compound sentences

37. 欲治其國者必先齊其家欲齊其家者必先修其身

38. 孟嘗君非唯好客且亦重義

39. 莊子知魚之樂乎抑不知魚之樂乎

40. 言多非獨無益而又害事

41. 非獨人有愛子之心鳥獸亦有之

42. 生死在天富貴在人

43. 義我所欲也利亦我所欲也然豈可以貪利而舍義也

VIII. 第四篇 B 第六篇 D Complex sentences

44. 虎若不自墮於阱中獵人安得捕之

45. 使孟嘗君不待馮諼比門下之客則馮諼猶能為之市義於薛乎

46. 河中之魚甚衆然必擇水清之時而觀之乃可以見魚

47. 盜賊既無愛人之心安能使之兼相愛

48. 不入虎穴安得虎子

49. 此言雖小可以喻大也

50. 梁惠王不以仁待民故民不敬愛之

51. 薛之民聞君來就國歡然迎之道中

16. 詩詞選

(1) 雜詩　王維

君自故鄉來
應知故鄉事
來日綺窗前
寒梅著花未

(2) 夜思　李白

床前明月光
疑是地上霜
舉頭望明月
低頭思故鄉

(3) 江雪　柳宗元

千山鳥飛絕
萬徑人踪滅
孤舟蓑笠翁
獨釣寒江雪

17. 史記項羽本紀節寫

(1) 秦失其政天下大亂陳涉首起兵反秦項羽劉邦繼之 (2) 項羽名籍字羽其父之弟曰項梁梁之父乃楚名將楚亡於秦梁之父亦為秦所殺 (3) 項羽少時學書不成去學劍又不成項梁怒 (4) 羽曰書但足以記名姓劍但足以敵一人不足學願學所以敵萬人者 (5) 於是梁乃教羽兵法羽大喜知其大意又不願盡學 (6) 項梁殺一人與項羽避難於吳 (7) 項羽身長力大勇氣過人吳之子弟皆畏之 (8) 及陳涉反秦項梁項羽殺會稽守收吳中兵八千人平定江東 (9) 引八千人過江而西復得兵數萬劉邦亦以兵屬之項梁遂有兵六七萬人 (10) 項梁求得前楚懷王之孫立之為楚懷王以從民望 (11) 後項梁為秦所殺楚懷王拜項羽為上將軍 (12) 項羽數敗秦軍至函谷關而劉邦已先入關破咸陽降秦 (13) 或告項羽曰劉邦欲自立為王盡有秦之珍寶 (14) 項羽大怒欲以兵擊劉邦 (15) 時項羽有兵四十萬劉邦有兵十萬劉邦自度不能敵項羽 (16) 乃引百餘騎往謝之曰臣與將軍合力攻秦將軍戰河北臣戰河南然未知能先入關破秦得重見將軍於此 (17) 項羽即請劉邦共飲不復言擊劉邦事 (18) 後數日項羽引兵入咸陽殺秦之降王燒秦宮室火三月不止收其珍寶美人而東 (19) 項羽欲自立為王乃尊懷王為義帝封諸將之有功者為王封劉邦為漢王王蜀項羽自立為西楚霸王 (20) 後項羽使人殺義帝前所封之王多反之 (21) 劉邦亦以五十六萬人攻項羽為項羽所敗劉邦亡走項羽取其父母 (22) 劉邦得韓信兵復以之攻項羽與項羽相持數月 (23) 項羽患之置劉邦之父於高俎之上告劉邦曰今不急降吾烹

汝父(24)劉邦曰吾與君皆受命懷王約為兄弟吾父即汝父必欲烹汝父則幸分予我一杯羹(25)項羽無奈又謂劉邦曰天下所以久不安者唯以吾兩人耳願獨與君戰無為天下患(26)劉邦笑謝曰吾願鬬智不能鬬力(27)項羽兵乏食盡乃與劉邦約中分天下(28)約成項羽即歸劉邦父母引兵東歸(29)劉邦亦欲西歸其謀臣曰項羽兵乏食盡此天亡項羽之時也不如因而攻之(30)劉邦從之會諸侯兵而合擊項羽圍項羽於垓下項羽敗自刎於烏江劉邦遂王天下是為漢朝之始

18. 近代文言選例

A.

⑴ 夫所謂富強者質而言之不外利民云爾 ⑵ 然政欲利民必自民各能自利始 ⑶ 民各能自利又必自皆得自由始 ⑷ 欲聽其皆得自由尤必自其各能自治始 ⑸ 反是將亂 ⑹ 因彼民之能自治而自由者皆其力其智其德誠優者也 ⑺ 是以今日要政統於三端一曰鼓民力二曰開民智三曰新民德

B.

⑴ 古今中外之政治理論有言為政之道者有論治民之術者其說不一何其多也 ⑵ 即多讀書亦難定其是非 ⑶ 然試求各說之要義則又時見同理無大別也 ⑷ 今試以例明之 ⑸ 古語曰衣食足而後知禮義 ⑹ 蓋有衣食則民心定而人性未必善故以禮義治之 ⑺ 若以現代之理論言之即經濟安定社會有秩序為政者以此為要其政治必善 ⑻ 名詞雖異其道則一此理甚明有何難乎

19. 王　　制

1. 孔子聖之時者也（孟子）
2. 古之為市者以其所有易其所無者（孟子）
3. 竊鉤者誅竊國者侯（莊子）
4. 吾所以有天下者何項氏所以失天下者何（史記）
5. 禮者所以正身也師者所以正禮也無禮何以正身無師吾安知禮之為是也（荀子）
6. 君子能為可貴不能使人必貴己能為可信不能使人必信己能為可用不能使人必用己（荀子）
7. 不聞不若聞之聞之不若見之見之不若知之知之不若行之學至於行之而止矣行之明也明之為聖人（荀子）
8. 禮起於何也曰人生而有欲欲而不得則不能無求求而無度量分界則不能不爭爭則亂亂則窮先王惡其亂也故制禮義以分之以養人之欲給人之求是禮之所起也（荀子）

20. 曹劌論戰 又文

(1) 魯莊公十年春齊伐魯莊公將與齊戰 (2) 魯人曹劌以魯之大臣無能乃入見莊公問莊公有何德足以與齊戰 (3) 莊公以不敢專其衣食不敢加其犧牲對之曹劌以為未足 (4) 莊公復以察大小之獄必以情對之曹劌以之為忠可以與齊一戰並請隨莊公出戰 (5) 魯莊公與曹劌引師戰齊兵於長勺 (6) 公欲擊鼓以進其兵曹劌止之及齊人三擊其鼓曹劌始命擊鼓進兵魯遂敗齊 (7) 莊公欲乘勝逐齊師曹劌復止之曹劌下車察齊師之車轍復登車而望之始命魯師逐之魯遂大勝 (8) 魯莊公請曹劌說魯所以勝齊之故曹劌對曰戰之勝敗在於士兵之勇氣鼓一擊而兵之勇氣作再擊而兵之勇氣衰三擊而兵之勇氣竭 (9) 及齊兵之勇氣竭我始擊鼓進兵故能敗齊師 (10) 齊大國也大國常設伏兵故吾先察齊之車轍且望其旗見其車轍亂而旗靡知齊無伏兵然後始命我師逐之故能全勝

21. 史記孔子世家改寫

(1) 孔子生於魯其先則宋人也 (2) 其父與顏氏女野合而生孔子 (3) 孔子生而首如尼丘山中低而四面高因名曰丘字仲尼姓孔 (4) 兒時孔子戲常陳俎豆設禮容 (5) 年十七魯大夫病且死告其子曰孔丘聖人之後吾聞聖人之後雖不當世必有達者孔丘年少好禮其達者歟吾若死汝必師之 (6) 及其死其子往學禮焉 (7) 孔子身長人皆謂之長人而異之 (8) 孔子貧且賤及長為吏 (9) 已而去魯適周問禮或云孔子嘗見老子於周問道於老子 (10) 孔子自周反於魯魯人復善待之 (11) 孔子年三十齊景公適魯景公問孔子曰昔秦穆公國小地僻其霸何也 (12) 孔子對曰秦國雖小其志大地雖僻行中正如此雖王可也而況霸乎景公說 (13) 既而魯亂孔子適齊與齊太師語樂聞韶音學之三月不知肉味齊人稱之 (14) 景公問政於孔子孔子曰君君臣臣父父子子 (15) 景公曰善哉信如君不君臣不臣父不父子不子雖有粟吾豈得而食諸 (16) 景公說欲以尼谿封孔子其臣諫止之 (17) 孔子乃反乎魯弟子益衆 (18) 後魯定公以孔子為大司寇與聞國政魯民治男女行者別於道道不拾遺 (19) 齊人聞而懼曰孔子為政必霸霸則吾危矣 (20) 於是選國中女子好者八十人遺魯君 (21) 魯君受之三日不聽政孔子遂去魯適衞 (22) 孔子適鄭與弟子相失孔子獨立於東門 (23) 或謂子貢曰東門有人若喪家之狗 (24) 子貢以實告孔子孔子笑曰然哉然哉 (25) 孔子在陳蔡之間楚使人聘孔子陳蔡之大夫懼孔子若為楚所用將有所不利焉乃合圍孔子於野絕其食 (26) 孔子之從者皆病而孔子猶弦歌不已 (27) 子路慍見曰

君子亦有窮乎(28)孔子曰君子固窮小人窮則為非矣(29)孔子知弟有慍心乃問顏回曰吾道非邪吾何為至此(30)顏回曰夫子之道至大故天下莫能容雖然夫子明而行之不容有何病夫道之不修也是吾過也夫道既已大修而不用是有國者之過也(31)孔子使子貢求救於楚楚兵至然後孔子得脫(32)孔子之去魯凡十四歲而反乎魯然魯終不能用孔子(33)孔子之時周室微而禮樂廢詩書缺(34)孔子乃修詩書禮樂以教其弟子有弟子三千人(35)孔子復因魯史記作春秋上自魯隱公元年 (722 B.C.) 下至魯哀公十四年 (481 B.C.) 凡十二公(36)魯哀公十六年四月孔子卒時年七十三

22. 鄒忌諷齊王納諫

1. 任人有問屋廬子曰禮與食孰重曰禮重色與禮孰重曰禮重曰以禮食則飢而死不以禮食則得食必以禮乎（孟子）

2. 殺身成仁與求生害仁孰善

3. 鄉人之智不及獵人

4. 鄒忌之妻妾皆以鄒忌美於徐公者私之也

5. 孟嘗君將入秦賓客莫欲其行諫不聽（史記）

6. 群兒之先登山者受上賞

7. 獵人時時設阱以捕虎數月之後雖欲捕虎無可捕者

8. 齊王因鄒忌之言而令群臣進諫遂得不戰而勝

9. 諸子中勝最賢（史記）

10. 忠臣之事君也莫先於諫下能言之上能聽之則王道光矣（忠經）

Additional Texts for Translation

The following fourteen passages (A - N) are not directly related to the main Texts 23-34. They are roughly graded in difficulty and length and intended for practice in the analysis of new material without the help of a grammatical commentary. Words in these passages that have not been defined in the Vocabulary for Texts 1-22 are given in separate lists following that for Text 34.

注意：下面之十四篇短文自A至N係供學生於無文法解釋之幫助時自行分析新材料之用以其長短及難易程度排列並不與課文中第二十三篇至第三十四篇之選文有關其中生字凡於課文之前二十二篇選文中尚未註釋者將附有註釋於三十四篇生字註釋之後

A 不死之道 韓非子外儲説左上

(1) 客有教燕王為不死之道者王使人學之 (2) 所使學者未及學而客死王大怒誅之 (3) 王不知客之欺己而誅學者之晚也 (4) 夫信不然之物而誅無罪之臣不察之患也 (5) 且人所急無如其身不能自使其無死安能使王長生哉

B 晏子使楚 晏子春秋內篇雜下

(1) 晏子使楚楚人以晏子短為小門于大門之側而延晏子 (2) 晏子不入曰使狗國者從狗門入今臣使楚不當從此門入 (3) 儐者更道從大門入 (4) 見楚王王曰齊無人耶使子為使 (5) 晏子對曰齊之臨淄三百閭張袂成陰揮汗成雨比肩繼踵而在何為無人 (6) 王曰然則何為使子 (7) 晏子對曰齊命使各有所主其賢者使使賢王不肖者使使不肖王臣最不肖故宜使楚矣

C 姦人之起 荀子彊國篇

(1) 凡姦人之所以起者以上之不貴義不敬義也 (2) 夫義者所以限禁人之

為惡與姦者也⑶今上不貴義不敬義如是則下之人百姓皆有棄義之志而有趨姦之心矣⑷此姦人之所以起也⑸且上者下之師也夫下之和上譬之猶響之應聲影之像形也⑹故為人上者不可不順也

D 畫鬼最易　　韓非子外儲說左上

客有為齊王畫者齊王問曰畫孰最難者曰犬馬最難孰易者曰鬼魅最易夫犬馬人所知也旦暮罄於前不可類之故難鬼魅無形者不罄於前故易之也

E 日之大小　　列子湯問

⑴孔子東游見兩小兒辯鬬⑵問其故一兒曰我以日始出時去人近而日中時遠也⑶一兒以日初出遠而日中時近也⑷一兒曰日初出大如車蓋及日中則如盤盂此不為遠者小而近者大乎⑸一兒曰日初出滄滄涼涼及其日中如探湯此不為近者熱而遠者涼乎⑹孔子不能決也兩小兒笑曰孰為汝多知乎

F 三　樂　　列子天瑞

⑴孔子遊於太山見榮啓期行乎郕之野鹿裘帶索鼓琴而歌⑵孔子問曰先生所以樂何也⑶對曰吾樂甚多天生萬物唯人為貴而吾得為人是一樂也⑷男女之別男尊女卑故以男為貴吾既得為男矣是二樂也⑸人生

有不見日月不免襁褓者吾既已行年九十矣是三樂也 (6) 貧者士之常也死者人之終也處常得終當何憂哉 (7) 孔子曰善乎能自寬者也

G 欲至楚而北行 戰國策魏策

(1) 魏王欲攻邯鄲 (2) 季梁聞之中道而反衣焦不申頭塵不去往見王曰 (3) 今者臣來見人於大行方北面而持其駕告臣曰我欲之楚 (4) 臣曰君之楚將奚為北面曰吾馬良 (5) 臣曰馬雖良此非楚之路也曰吾用多 (6) 臣曰用雖多此非楚之路也曰吾御者善 (7) 此數者愈善而離楚愈遠耳今王動欲成霸王舉欲信於天下恃王國之大兵之精銳而攻邯鄲以廣地尊名 (8) 王之動愈數而離王愈遠耳猶至楚而北行也

H 齊人有一妻一妾 孟子離婁下

(1) 齊人有一妻一妾而處室者其良人出則必饜酒肉而後反 (2) 其妻問所與飲食者則盡富貴也 (3) 其妻告其妾曰良人出則必饜酒肉而後反問其與飲食者盡富貴也而未嘗有顯者來吾將瞯良人之所之也 (4) 蚤起施從良人之所之徧國中無與立談者 (5) 卒之東郭墦間之祭者乞其餘不足又顧而之他此其為饜足之道也 (6) 其妻歸告其妾曰良人者所仰望而終身也今若此與其妾訕其良人而相泣於中庭 (7) 而良人未之知也施施從外來驕其妻妾 (8) 由君子觀之則人之所以求富貴利達者其妻妾不羞也而不相泣者幾希矣

I 楚人學齊語　　孟子滕文公下

(1) 孟子謂戴不勝曰子欲子之王之善與我明告子 (2) 有楚大夫於此欲其子之齊語也則使齊人傅諸使楚人傅諸曰使齊人傅之 (3) 曰一齊人傅之衆楚人咻之雖日撻而求其齊也不可得矣 (4) 引而置之莊嶽之間數年雖日撻而求其楚亦不可得矣 (5) 子謂薛居州善士也使之居於王所在於王所者長幼卑尊皆薛居州也王誰與為不善 (6) 在王所者長幼卑尊皆非薛居州也王誰與為善一薛居州獨如宋王何

J 天子之怒與士之怒　　戰國策魏策

(1) 秦王使人謂安陵君曰寡人欲以五百里之地易安陵安陵君其許寡人 (2) 安陵君曰大王加惠以大易小甚善雖然受地於先王願終守之弗敢易 (3) 秦王不說安陵君因使唐且使於秦 (4) 秦王謂唐且曰寡人以五百里之地易安陵安陵君不聽寡人何也…………今吾以十倍之地請廣於君而君逆寡人者輕寡人與 (5) 唐且對曰否非若是也安陵君受地於先王而守之雖千里不敢易也豈直五百里哉 (6) 秦王怫然怒謂唐且曰公亦嘗聞天子之怒乎 (7) 唐且對曰臣未嘗聞也 (8) 秦王曰天子之怒伏屍百萬流血千里 (9) 唐且曰大王嘗聞布衣之怒乎 (10) 秦王曰布衣之怒亦免冠徒跣以頭搶地爾 (11) 唐且曰此庸夫之怒也非士之怒也若士必怒伏屍二人流血五步天下縞素今日是也挺劍而起 (12) 秦王色撓長跪而謝之曰先生坐何至於此

寡人諭矣夫韓魏滅亡而安陵以五十里之地存者徒以先生也

K 病忘 列子周穆王

(1) 宋陽里華子中年病忘朝取而夕忘夕與而朝忘在塗則忘行在室則忘坐今不識先後不識今 (2) 闔室毒之謁史而卜之弗占謁巫而禱之弗禁謁醫而攻之弗已 (3) 魯有儒生自媒能治之 (4) 華子之妻子以居產之半請其方 (5) 儒生曰此固非卦兆之所占非祈請之所禱非藥石之所攻吾試化其心變其慮庶幾其瘳乎 (6) 於是試露之而求衣飢之而求食幽之而求明 (7) 儒生欣然告其子曰疾可已也然吾之方密傳世不以告人試屛左右獨與居室七日 (8) 從之莫知其所施為也而積年之疾一朝都除 (9) 華子既悟迺大怒黜妻罰子操戈逐儒生 (10) 宋人執而問其以 (11) 華子曰曩吾忘也蕩蕩然不覺天地之有無今頓識既往數十年來存亡得失哀樂好惡擾擾萬緒起矣 (12) 吾恐將來之存亡得失哀樂好惡之亂吾心如此也須臾之忘可復得乎 (13) 子貢聞而怪之以告孔子孔子曰此非汝所及乎顧謂顏回紀之

L 教戰守策 蘇軾

(1) 夫當今生民之患果安在哉在於知安而不知危能逸而不能勞 (2) 此其患不見於今而將見於他日今不為之計其後將有所不可救者 (3) 昔者先王知兵之不可去也是故天下雖平不敢忘戰 (4) 秋冬之隙致民田獵以講武教之以進退坐作之方使其耳目習於鍾鼓旌旗之間而不亂使其心志

安於斬刈殺伐之際而不懾(5)是以雖有盜賊之變而民不至於驚潰………
(6)今者治平之日久天下之人驕惰脆弱如婦人孺子不出於閨門論戰鬭之事則縮頸而股慄聞盜賊之名則掩耳而不願聽(7)而士大夫亦未嘗言兵以為生事擾民漸不可長(8)此不亦畏之太甚而養之太過歟(9)且夫天下固有意外之患也愚者見四方之無事則以為變故無自而有此亦不然矣(10)今國家所以奉西北之虜者歲以百萬計奉之者有限而求之者無厭此其勢必至於戰(11)戰者必然之勢也不先於我則先於彼不出於西則出於北(12)所不可知者有遲速遠近而要以不能免也(13)天下苟不免於用兵而用之不以漸使民於安樂無事之中一旦出身而蹈死地則其為患必有不測(14)故曰天下之民知安而不知危能逸而不能勞此臣所謂大患也
(15)臣欲使士大夫尊尚武勇講習兵法庶人之在官者教以行陣之節役民之司盜者授以擊刺之術(16)每歲終則聚於郡府如古都試之法有勝負有賞罰而行之既久則又以軍法從事(17)然議者必以為無故而動民又撓以軍法則民將不安而臣以為此所以安民也(18)天下果未能去兵則其一旦將以不教之民而驅之戰夫無故而動民雖有小恐然孰與夫一旦之危哉

M 論語辨　　柳宗元

(1)或問曰儒者稱論語孔子弟子所記信乎(2)曰未然也孔子弟子曾參最少少孔子四十六歲(3)曾子老而死是書記曾子之死則去孔子也遠矣(4)曾子之死孔子弟子略無存者矣(5)吾意曾子弟子之為之也(6)何哉且是

書載弟子必以字獨曾子有子不然(7)由是言之弟子之號之也(8)然則有子何以稱子(9)曰孔子之歿也諸弟子以有子為似夫子立而師之(10)其後不能對諸子之問乃叱避而退則固嘗有師之號矣(11)今所記獨曾子最後死余是以知之(12)蓋樂正子春子思之徒與為之爾(13)或曰孔子弟子嘗雜記其言然而卒成其書者曾氏之徒也

N 道可道非常道　　淮南子氾論訓

(1) 治國有常而利民為本政教有經而令行為上苟利於民不必法古苟周於事不必循舊(2)夫夏商之衰也不變法而亡三代之起也不相襲而王(3)故聖人法與時變禮與俗化衣服器械各便其用法度制令各因其宜故變古未可非而循俗未足多也(4)百川異源而皆歸於海百家殊業而皆務於治(5)王道缺而詩作周室廢樂禮壞而春秋作(6)詩春秋學之美者也皆衰世之造也儒者循之以教導於世豈若三代之盛哉(7)以詩春秋為古之道而貴之又有未作詩春秋之時(8)夫道其缺也不若道其全也誦先王之詩書不若聞其言聞其言不若得其所以言(9)得其所以言者言弗能言也故道可道者非常道也

Translation into Chinese (Related to Texts 1-22)

Note: With a few exceptions the exercises take the form of translating English sentences into literary Chinese sentences. English style has often been sacrificed in order to provide a stimulus that will result in a desired response in literary Chinese. The exercise sentences are usually but not always related to the Text with whose name they are associated.

Words in the English that do not need to be represented in a Chinese translation are sometimes placed within brackets [ ].

Words that are not essential in the English but which require an equivalent in the Chinese translation are sometimes placed within parentheses ( )。 Parentheses are also used to enclose Chinese words which have not yet occurred in a Text, but which are called for in the translation。

Text 1. 吉凶

A. Translate into literary Chinese.

1. Why did the boy hit the bird?
2. The boy hit the bird because the bird's cawing was unlucky.
3. The one who hit the bird with a stone was the boy.
4. How did the father know the boy hit the crow?
5. The father knew it because the crow cawed.
6. The crow cawed; therefore the father knew it.
7. The crow's cawing is more unlucky than the magpie's cawing.

B. List the differences you observe between Text 1 in literary Chinese and the MC version.

Text 2. 影

A. Translate the following nominal phrases into literary Chinese. The Chinese phrases can be generated by transformation according to patterns noted in Comm. 2 Ab from kernel sentences in the various segments of the texts indicated by number after the English.

1. the playing (or the games) of the children 2(1)
2. the playing children 2(1)
3. the bright moon that is just rising 2(2)
4. the shadows of the trees that were flooding the ground 2(3)
5. the delight of the group of children 2(4)
6. the man who was following him 2(5)
7. the boy who hit a bird with a stone 1(2)
8. the inauspiciousness of the cawing of a crow 1(5)

B. Translate the following sentences into literary Chinese.

9. The magpies on the tree all cawed loudly.
10. At the time when the moon was bright, the father was walking in the courtyard.
11. The crows are cawing in the trees; the children are playing in the courtyard.
12. Those who were playing in the courtyard were all boys.
13. After a while, the group of boys all following their father walked in the moonlight.

Text 3. 不識字

A. Using the Chinese sentences below as kernel sentences, generate nominal phrases corresponding to the English expressions given. Follow the patterns of transformation noted in Comm. 3 Ca and Cb.

鄉人大呼.

1. the countryman who cried out loudly

2. the one who cried out loudly

3. that one of the countrymen who cried out loudly

兒戲於院中.

4. the children who were playing in the courtyard

5. those who were playing

獵人設阱.

6. the hunter who was setting a trap

7. those among the hunters who set traps

虎害人.

8. that which was injured

9. that which was injured by the tiger

10. the man who was injured by the tiger

11. the one who was injured by the tiger

12. the man who was injured

此人書大字.

13. the big characters written by this man

B. Translate the following sentences into literary Chinese.

14. There was a hunter who planned to catch a tiger.

15. By mistake he caught a countryman who could not read.

16. If the boys had known that the countryman had fallen into a tiger trap, would they have struck him?

17. In the courtyard there was a boy who was hitting crows and catching magpies; his father planned to stop him.

18. The father thereupon calling to the boy told him saying, "Since crows and magpies neither harm people nor hurt cattle why do you hurt them?"

19. The boy said, "The cawing of a crow is unlucky, therefore I hit and hurt it. The singing of a magpie is lucky, therefore I catch and

have them."

20. The characters written by my father are clear and big.

Text 4. 鴉

1. Stretching out his neck he drank the water. Comm. 3 Ab
2. When the hunter had set the trap he wrote eight big characters on the wall. Comm. 4 Ba1
3. If people had explained for them that crows' cawing is not unlucky, then the boys would not have hurt them. Comm. 4 Ba2
4. Although the father exhausted his strength in order to call the boy, the boy still was not aware of it. Comm. 4 Ba3.1
5. This mountain is very high; even if I could fly, I still couldn't reach its summit. Comm. 4 Ba3.2
6. The boy forgot that he had a shadow; therefore he felt that someone was following him. Comm. 4 Bb2
7. The hunters were very thirsty; they drank three pitchers of water. Comm. 4 Ca and Cb
8. The tiger trap was set by the hunters; it was walked on by the countryman.

Text 5. 善射者

1. A tiger is not a domestic animal. Comm. 5 Ab
2. The one who set a trap to catch a tiger is a hunter. Comm. 3 Ca, Aa
3. The father of the boy is none other than the person who wrote with big characters on the wall. Comm. 5 A
4. The servant of the father of the boy is in fact the countryman who fell into the trap. Comm. 5 A
5. Who is the one who threw stones into the pitcher? Comm. 5 Aa

Text 5 (Continued)

6. The hunter planned to catch a tiger; he sent his servant to set up a trap under the wall. Comm. 5 B

7. When the men of Wèi knew that the men of Chèng wanted to invade Wèi, they sent some expert archers to pursue them. Comm. 5 B

8. The master, being ill, was unable to hold a bow; therefore the disciple could not bear to shoot at him. Comm. 3 Ab; 5 B

Text 6. 山水

1. Floating clouds and flying birds make man carefree of mind.
2. A gentle breeze and a beautiful sun make man cheerful of spirit.
3. One who delights in scenery not only delights in mountains but also in rivers.
4. The gentleman is good at thinking; the mean man is good at talking.
5. Are you a gentleman or a mean man?
6. Set a trap; then you may catch a tiger.
7. If you can't read, you can't be a gentleman.
8. Climb high mountains; only then will you appreciate the littleness of men.

Text 7. 畫蛇添足

1. In Wèi there was a good marksman who gave his servants a bow and several arrows.

2. His servants said to each other, "Let's shoot birds; the first to get a bird will be the lucky one."

3. One of the servants drew the bow and was about to shoot; [when] he had not yet shot [his arrow] a bird had already fallen to the ground。

4. This servant was very happy and said to his friends, "I am the lucky one."

5. One servant quickly went to look at it and (then) saw that what had fallen to the ground was none other than a dead crow.

6. This courtyard has no wall; can you make a wall for it?

7. The hunter was setting a trap; [when] it was still not finished a tiger had already (first) arrived.

8. To snatch the food from a tiger's mouth, who is able to do this?

9. This person certainly is not good at drawing; how can you make him draw a snake?

10. He who is not good at drawing snakes in the end will not get to drink the wine.

Text 8. 太王去邠

1. Student Chāng by mistake fell into a tiger trap. Although he exhausted his strength in order to call out, he still couldn't come out.

2. Formerly the Tí people invaded Pīn. Although King T'ài served them with [gifts of] dogs, horses, pearls and jade, the Tí still wouldn't leave.

3. That which is desired by the crow is in fact to get the water in the pot and drink it.

4. The father said, "When a mountain is high, it has tigers. Now this mountain is very high. I am afraid there will be tigers in it."

5. Dogs and horses, pearls and jade were the things with which King T'ài served the Tí people.

6. Student Lǐ is good at hiking. Now in the place where he lives the mountains are bright and the waters beautiful; why should he worry about not having places where he can hike?

7. Even if there should be Tí people invading us, yet [we] will give of our strength to the point of death and not leave.

Text 9. 大學

1. That which man gets from heaven is bright virtue.

2. When King T'ài had crossed the Liáng Mountains he stopped at the foot of

Mount Ch'í.

3. If the king does not make bright his virtue, the people cannot be secure.

4. If the state has "tao," the people are good. If the state has no "tao," the people are not good.

5. Virtue is that which a man gets from heaven; learning is that which a man gets from man.

6. If one is not calm, one cannot be secure; if one is not secure, one cannot deliberate; if one does not deliberate, one cannot get what he desires.

7. Cultivate the person and after that you can bring order into your family; bring order into your family and after that you can govern a state; govern a state and afterwards you can bring peace to the world.

8. Investigate things thoroughly; only then can you extend your knowledge.

9. The stones accumulated and then the water rose; the water rose and then a drink was obtained; a drink was obtained and then the thirst was quenched. The thirst was quenched and then the spirit was cheerful.

Text 10. 以五十步笑百步

1. The hunter said, "As for my attitude towards catching tigers, I devote my mind to it and that's all. East of the mountain there are tigers, then I set traps to the east of the mountain, move my family to the west of the mountain. West of the mountain there are tigers, I also do likewise."

2. Student Chāng said, "My attitude towards hiking is to put all my ability into it. The east mountain is higher than the west mountain, then I climb the east mountain; the west mountain is higher than the east mountain, then I climb the west mountain."

3. [When you] examine the trees on all the hills, there is not [among other hills] one [the quantity of whose trees is] as great as the quantity [of trees] of this mountain; however the birds on other hills do not decrease, the birds on this hill do not increase. Why?

4. Student Lǐ addressing student Chāng said, "You are fond of hiking; let me illustrate [my idea] from hiking."

5. The countryman said to the boy, "You can read; please explain for me the meaning of what is written on the wall."

6. When the snake drawn by one man was finished, then grasping the goblet and drinking the wine he sang aloud.

7. The boys all drew tigers; some, [drawing for] one day, [their tigers] were finished, some [drawing for] several days were finished.

8. One on account of having himself added (only) two feet for his snake, laughs at others adding four feet for their snakes; then what is the verdict on him?

9. If you don't cultivate yourself, then don't hope for your family to be well ordered.

Text 11. 兼愛

1. You need to know from where a tiger comes out, then you can catch him. If you don't know from where the tiger comes out, then you can't catch him.

2. Let it be that in the world, man and man all love each other, state and state do not attack each other, then will there still be people who like warfare?

3. The teaching of the Tà Hsüéh lies in making one's bright virtue shine; the teaching of the Mò-tzŭ lies in encouraging people to love each other.

4. Those who despoil others, others will necessarily despoil them.

5. If you know whence disorder arises, then you will be able to bring order into it.

6. The sage's bringing order into the world resembles a doctor's "attacking" an illness.

7. He who, not examining the beginning and end of a matter wants to put it in order, is one who doesn't understand the way to put a thing in order.

8. Profiting oneself so as to harm others, this is what is called being not humane.

9. Bright virtue and perfect goodness, can a man have them both together [at the same time]?

Text 12. 魚之樂

1. King Hùi of Liáng moved the grain in order to rescue his subjects: this was the humaneness of King Hùi of Liáng.

2. You can read. How can you appreciate the misery (苦 k'ŭ) of one who cannot read?

3. Country people mostly (多 tō 10(5)) cannot read. How can they appreciate the happiness of those who can read?

4. If Hùi-tzŭ had seen what Mò-tzŭ wrote he would certainly have asked, "You are not a robber or a thief; how do you know that robbers and thieves do not love other people's families?"

5. The fact that King T'ài said something like: "I am going to leave my state" meant that he was speaking when he already knew that the people would follow him.

6. In what way is the cultivating of the person the source of making the world peaceful? The person is cultivated and then the family is well-ordered; the family is well-ordered and then the state is well-governed; the state is well-governed and then the world is at peace. This is how cultivating the person is the source of making the world peaceful.

Text 13. 屠羊說

1. King Chāo recovered his country; Yüèh recovered his sheep butchery.

2. The laws of the state may not be set aside; [if the laws are] set aside then the people cannot be governed.

3. One who, fearing punishment [for not fighting], goes into battle, is not one who is brave.

4. One who has merit should be rewarded; one who has a crime will certainly be executed.

5. What other people like, I dislike it; what others dislike, I like it.

6. The reason why Yüèh the Sheep Butcher lost his sheep butchering, was because King Chāo of Ch'ǔ lost his state.

7. In the present instance, your intelligence is insufficient for living, your courage is insufficient for dying; what are you going to do?

8. As for King Chāo of Ch'ǔ, his social position was noble but his words and actions were vulgar.

9. The literary language (文言 34(35)), I know it is more difficult than the vernacular (白話 34(35)); but how could I because of fearing difficulty not study it!

10. According to the teaching of Mò-tzǔ, man and man ought to love each other, state and state ought not to attack each other.

Text 14. 馮諼客孟嘗君

1. In Ch'í there was a certain Lord Mèng-ch'áng who was wealthy and fond of [having] retainers. Féng Hsüān heard of his reputation and went to see him.

2. Lord Mèng-ch'áng, thinking that Féng Hsüān had no ability, did not treat (待 tài 17(17)) him as (以) a retainer of the highest rank.

3. Féng Hsüān lived at Lord Mèng-cháng's place for a time; because when he ate there was no fish, when he went out there was no chariot, (so) he wanted to go home.

4. The gentleman, being poor, is contented; being rich, he is not avaricious.

5. Sheep Butcher Yüèh's family was poor; the King of Ch'ǔ sent a person to supply his food and [daily] necessities. Yüèh did not accept.

6. The teacher 5(12) asked all his students saying, "Who can drive a chariot and is the one who would like to go into the city and buy some wine for me?"

7. Student Chāng said, "I would like to go." The teacher was surprised at him and said, "Who is this?" The students said, "[Don't you know?] Why (即) it is the one who one day by mistake took the words of Mencius to be a saying of Mò-tzǔ."

8. Lord Mèng-ch'áng was wearied by family affairs and troubled by state administration and so gave offense to Féng Hsüān.

9. Lord Mèng-ch'áng treated Féng Hsüān as a low person; Féng Hsüān did not take it to be a disgrace but on the contrary wanted to collect the debts for him.

10. Messrs. Chāng and Lǐ ordered a cart, packed their luggage, loaded their wine and food, and went on a long journey (遠 遊 16(4.5) lit. roamed afar).

11. Sheep-butcher Yüèh mounted his cart, held his knife up in the air, drove without stopping to his shop, and picking out (取 15(1)) the sheep that were to be slaughtered slaughtered them all.

12. Sheep-butcher Yüèh at dawn displayed in the market-place the sheep that he had slaughtered; people competed (爭 18(20)) in buying them.

13. Sheep-butcher Yüèh returned home. His mother asked saying, "With what purchases did you return?" Yüèh replied saying, "Your son ventured to figure on mother's behalf that mother daily eats beef and mutton and has never eaten fish. Your son therefore bought fish for mother."

14. The way to govern a state consists in cherishing and loving the people and treating them as sons.

15. The reason why Lord Mèng-ch'áng's household lacked justice, was because Lord Mèng-ch'áng exploited his subjects like a merchant.

16. The people of Hsüēh hearing of Lord Mèng-ch'áng's coming, all supporting their aged and leading their young came out into the road to welcome him.

17. The reason why the people welcomed Lord Mèng-ch'áng was because Féng Hsüān had once burned their IOU's.

18. Lord Mèng-ch'áng came to Hsüēh and saw that the people of Hsüēh loved him as a father; then he realized that the [reputation for] justice that Féng Hsüān had bought truly was more valuable than precious treasures, hounds

and horses.

Text 15. 魚我所欲

1. Reputation is something we desire; profit is also something we desire. These that are [usually] two [incompatible] things, we cannot have them both at the same time. Relinquishing empty (虛 23(23)) reputation we seek the [alternative of] solid profit.

2. The reason why Féng Hsüān burned the tallies was because [a reputation for] justice and [the collection of] debts could not be obtained at the same time; therefore giving up the debts he took justice.

3. Parents are those whom we love; those whom we love include those whom we love more than parents, hence among the orders given by parents there are those that we do not obey.

4. If it be granted that the things men value in no case are greater than profit, then why did Sheep-butcher Yüèh not accept a salary of 10,000 chūng?

5. If it be granted that what men consider calamitous in no case is greater than poverty, then men would in all cases rob other households in order to enrich their own households.

6. Not only saintly men have minds that are fond of humanity and justice; all people have them. That by which saintly men are different from the mass of men, is their being able to hold (持 7(6)) this mind for a long time, that's all.

Text 16. 詩詞選

Exercise on the uses of 則. See Voc. 4(6); Comm. 4 Ba2, 6 Da.

Translate sentences b, e, f, i, j, p, w into English, and c, g, k, l, m, n, q, t, u, x into literary Chinese.

1. As conjunction introducing a predicate or sentence head and showing that the time of the action or event expressed in it succeeds or is concurrent

with the time of the action or event expressed in the preceding adjunct form.

1.1 The adjunct form may express a single specific occurrence in a narrative. Examples in the text: 6(13), 23(11). 則 often stresses the unexpectedness of the outcome. Adverbs of aspect 方, 已, 將 are often used in the head clause. The part of the adjunct is sometimes played by a coverbal phrase with 當, 及, 比, or 自.

a. 張君之母徧覓張君不得歸至家則張君已先至家矣: "Mr. Chāng's mother looked everywhere for Mr. Chāng but couldn't find him. [When] she got home, Mr. Chāng had already got there first."

b. 孟嘗君夜聞有人高歌於其院中往視之則見馮諼方舞劍而歌.

c. At the time when King Hsiàng in defeat arrived at Wūchiāng, then the local commander at Wūchiāng had already moored a boat to wait [for him].

1.2 The adjunct form may express a recurrent event or a habitual action. Correlative adverbs or PAs are often used 每...則; 每...必 (or 輒). Then 則 can be omitted. See 10(2)。 It is not always easy to distinguish sentences of this type from those in 2.2 below. A translation of the 1.2 type of sentence usually begins, "Whenever ...;" a translation of the 2.2 type usually begins "If ...."

d. 孟子曰子路人告之以有過則喜禹聞善言則拜: "Mencius said, 'Tzŭ-lù, whenever people told him that he was wrong he rejoiced. Whenever Yǚ heard good words, he bowed respectfully.'"

e. 楚大夫之子學得齊語後與楚人言則齊語與齊人言則楚語人終莫知其所言.

f. 子於是日哭則不歌.

g. [At] the time when Féng Hsüān first was Lord Mèng-ch'áng's retainer, when he ate there was no fish, when he went out there was no chariot, when he went home there was nothing with which to support his mother.

2. As conjunction introducing a predicate or sentence head and showing that

the actions or events expressed in it would be the necessary consequence of the condition presented in the preceding adjunct form.

2.1 The adjunct clause may express a specific event at a specific time as a condition of what follows. A conjunction 如, 若, 茍 or 使 is normal in the adjunct clause. If it is absent this is a case of ellipsis. Examples 4(16), 9(4), 10(11), 20(10)。 No formal distinction is made in Chinese when the condition is of the "contrary to fact" type as in 4(16): "If the pot were shallow (but it isn't) I would be able to drink." The use in 10(11) is also of this type.

h. 田父若不紿項王則項王不至陷大澤中: "If the farmer had not deceived King Hsiàng, King Hsiàng would not have come to fall into the great marsh."

i. 人有禍 (25(1)) 則心畏恐.

j. 項王若未陷大澤中則漢軍不能追及之漢軍若未追及項王則項王可復聚其兵與漢軍戰項王若復與漢軍戰則漢軍未必能勝之而王天下者未必爲漢王也得天下者若非漢王而爲項王則今人或不言漢族漢人而言楚族楚人矣.

k. If you don't go east, then you will never reach Ch'í.

l. If Féng Hsüān had not bought [a reputation for] justice for Lord Mèng-ch'áng, then the people of Hsüēh would not have welcomed him, supporting their aged and leading their children.

2.2 The adjunct clause may express a possibility with no time limitation as a condition of the following consequence. 如, 若 or 茍 can be used in the adjunct clause 15(4). However when the sentence expresses a universal truth couched in language with a symmetrical pattern, 如, etc. and even 則 itself are usually dispensed with. The resulting pattern is best treated separately. See 6(9) and Comm. This is particularly common when both clauses are negated. Examples: 11(3,6,9,47); 15(5); 19(7,10).

m. If the four barbarians submit, then the central states will be secure; if the people are well governed, then the empire will be peaceful.

n. If the people are numerous then soldiers will be sufficient; if soldiers are plentiful then the state will be strong.

3. As conjunction which sets off the subject of a sentence as though it were a conditional clause translatable as: "If it's a question of ... then ..." or "As for ... well ...." This kind of 則 is generally used in one or both of two clauses to emphasize a contrast between the subjects。 Less frequently it emphasizes a similarity. E.g. 29(5,6,7)。 No examples of this use have occurred in Texts 1-16. Gr. 10.12 d,e,f.

3.1 則 in the second of two related sentences. The emphasis in the second sentence can be rendered by "however" or "on the other hand."

o. 君子愛人以德小人則以利: "The gentleman loves other men with [their] virtue [as his concern]; the mean man however [loves them] with [their] advantage [as his concern]."

p. 人皆能爲其主市珍寶美女馮諼則爲其主市義.

q。 People all love their [own] sons; Mò-tzǔ however loved his neighbor's sons. His wife was not pleased.

3.2 則 in both of two related sentences. An example is sentence no. 8 in the Exercise related to Text 11.

r. 其事則易爲其理則難明: "As for the doing of the thing, well, it was easy to perform; as for the principles of the thing, well, they were hard to understand."

s. 其室則邇其人甚遠: "As for his house, well, it is near; as for his self — he is very far away." <u>Song Classic</u> 89.

t. As for his words, well, [they] were like this; as for his actions, well, [they] were like that.

u. As for the advantages of it, well, people all see them; as for its disadvantages (harm), well, people never realize them.

4. A somewhat similar effect of emphasis by elaborating a simple sentence into a deliberative conditional sentence involves repetition of a stative verb with 則 between the two occurrences.

v. 孔子之道大則大矣然不能為世所容: "The teaching of Confucius, as far as being great is concerned, well, it is great; however it is unacceptable to the people of the world."

w. 楚人之兵多則多矣然無善戰者

x. If it were a question of your words being good, well, they are good: however (unfortunately) they cannot be used.

Text 17。垓下之圍

1. A high officer of Ch'ŭ in the morning heard that there was a man talking Ch'í 齊 in his courtyard. Greatly startled he said, "Have Ch'í soldiers already reached Ch'ŭ? How is it that there is a man talking Ch'í in my courtyard?" He got up and looked (at it) — it was in fact his son learning to speak Ch'í.

2. Student Chāng climbed a high mountain, got lost and missed the path. So he sang aloud saying,

   "[I have] climbed a high mountain — ah —
   got lost and missed the path
   [I have] got lost and missed the path — ah —
   shall be unable to return
   Shall be unable to return — ah —
   what is to be done?
   My home — ah — my home — ah —
   What can I do about you?"

3. Student Chāng sighed saying, "Since my birth it has been more than thirty years. I have climbed high mountains [to the number of] several tens, have never once got lost and missed the path. But today at last I have lost my way. This then is the will of heaven (天意), not my mistake."

4. Sheep-butcher Yüèh laughed and addressed the ministers saying, "Today I firmly will not accept rank and salary given by the King of Ch'ŭ. I should like again to kill sheep for you gentlemen so that all you gentlemen again can eat meat. How will that be?"

Text 18. 辭海選例

1. The Hàn army surrounded the Ch'ǔ army at Kāihsià. That night King Hsiàng drank wine with his favorite lady and sang a sad song.

2. Next morning the Hàn army discovered that King Hsiàng had broken through the encirclement and crossed the Húai River with several mounted men.

3. King Hsiàng asked the way of a farmer. This man deceived him and caused him to get into a great marsh.

4. Because of this the Hàn army were able to catch up with him and surround him again.

5. King Hsiàng could not bear to submit without a fight. He cut down two Hàn generals and killed several tens of men.

6. The garrison commander at Wūchiāng wanted King Hsiàng to cross the river and become king of Chiāngtūng.

7. But King Hsiàng said, "In the beginning eight thousand of the young men of Chiāngtūng went west with me. Now they are all dead. I am ashamed in my heart and I do not have the face to see their fathers and older brothers.

8. After saying this he killed a few hundred more of the Hàn army and then slit his throat and died.

Text 19. 王制

1. Plants and animals all have life but they do not have speech; hence they do not have the wisdom of man.

2. The strength of an ox and a horse is superior to [that of] a man, but still they are utilized by man; why is this?

3. The reason why man can form a group and dominate [other] things is [that man observes] class distinctions and moral principles.

4. Those who ramble far but do not climb high mountains, and those who climb high mountains but do not sing at the top of their voices, are people who do not understand the joy of life.

5. Hsiàng Yǚ had courage but no [ingenious] plans, [he] had [physical]

strength but no intelligence; therefore [he] was eventually defeated by Liú Pāng.

6. To be able to overcome [nonhuman] things is what can be called being strong; while being strong, to have intelligence and moral principles, is what can be called being humane.

Text 20. 曹劌論戰

1. Liú Pāng's generals were not as brave as [those of] Hsiàng Yǚ; Liú Pāng's soldiers were not as numerous as [those of] Hsiàng Yǚ; but in the end [Liú Pāng] defeated Hsiàng Yǚ and became king of the world. What was the reason?

2. Warfare is [a business requiring] intelligence and planning. Hsiàng Yǚ's intelligence and planning were not as good as [those of] Liú Pāng. Therefore in the end [he] was defeated by Liú Pāng.

3. Now that Liú Pāng had defeated Hsiàng Yǚ and become king of the world, he accordingly greatly (i.e., liberally) rewarded his military advisers and fighting warriors.

4. Ts'áo Kùei said, "Although Duke Chūang's military advisers are numerous, (but) there are none who can plan far [ahead]. Therefore I would like to ask for an audience with Duke Chūang and tell [him] of (= with) the way of winning a war."

5. Although the King of Ch'í did not lack loyal and [high-] principled ministers, (but) he was unable to make good use of them.

6. The government feared that the students might demonstrate on a large scale; accordingly [it] no longer talked about (the business of) war.

Text 21. 論語選句

1. To climb a high mountain and to sing — is not this indeed a pleasure!

2. Other men do not appreciate me. The one who appreciates me is heaven.

3. The wise man is the one who knows himself.

4. As for the teaching of Confucius, with one word we can cover it, namely "[Being] humane."

5. Hsiang Yǚ fought with the Hàn army; with [his] one he opposed (當 2(9)) a hundred. In the end [he] killed several hundred of the Hàn army.

6. A city of a thousand households, there must be some wise men residing in it; a state of ten thousand households, there must be some sages residing in it!

7. I have not seen one whose love for others (loving others) is equal to his love for himself (loving himself).

8. Death and life are a matter of fate; hence to be alive is not worth (不足 PREFIX 7(3)) being happy about; to be dead is not worth being sad about (悲 17(4)). Wealth and honor depend on heaven, hence wealth is not worth being joyful about, poverty is not worth worrying about (憂 14(18)).

9. The gentleman takes [all within] the four seas to be his home; takes the 10,000 people to be his brothers.

10. The gentleman studies the Way in order to love other people; the mean man studies the Way in order to benefit himself.

Text 22. 鄒忌諷齊王納諫

1. Mencius asked his disciples saying: "Propriety and food, which is more important?"

2. The Lord of Mèng-ch'áng was a person in Ch'í who was fond of retainers.

3. The intelligence of the countrymen was not as good as [that of] the hunters by far (remotely much).

4. Tsòu Chì peered in the mirror and looked intently; he himself realized that [his beauty] was not equal to the beauty of Mr. Hsǘ.

5. If the lord is humane none will be inhumane; if the lord is [high-] principled none will be unprincipled.

6. Not to hear about [a good course of action] is not as good as to hear about it; to hear about it is not as good as to see it; to see it is not

as good as to understand it; to understand it is not as good as to practice it.

KEY TO ROMANIZATION

The Wade-Giles System of Romanization

The romanization system employed in this book is that devised by Sir Thomas Wade over a hundred years ago and, with some modifications, used by Herbert Giles in his Chinese-English Dictionary, 1st ed., Shanghai, 1892. It has been the system most widely used in the English-speaking world both for scholarship and for general communication, hence familiarity with it will always be useful to the student. Since most users of this book are presumed to have already learned to pronounce Chinese no detailed guide to the actual formation of Chinese sounds is provided. But since many will have been using another system, usually either the Yale, the G.R. (Guoyeu Romatzyh 國語羅馬字 National Romanization), or the Pin-yin 拼音 system, we give tables in which the values represented by the Wade-Giles spelling can easily be compared with them.

The letters of the National Phonetic Alphabet 國音字母 are given first to provide a common standard against which the divergence of the four romanizations can be measured.

It will be found that generally speaking the four systems of romanization are consistent both internally and with each other. The minor differences reflect a varying concern to make the user aware of certain contrasts between Chinese and English sounds and among Chinese sounds themselves.

The following simplifications of Wade have been made (all of them have been previously adopted by others):

The circumflex over "ê" and the breve over "ŭ" are consistently omitted.

The optional "yi" has been used instead of "i" for final 14 when there is no initial. This is consistent with the use of the dummy initial "y" in the absence of any other initial before "i".

The four modern tones are indicated by marks (¯), (´), (˘), or (`) over or following each syllable. This method, which is used in the Yale system, is more convenient than the superscript numbers 1, 2, 3, 4 originally used by Wade.

For the breath mark after aspirated initials a single apostrophe is used instead of the special phonetic symbol.

The optional "szu" has been used instead of the more common "ssu" for final 44.

Initials

No.	Type	Nat. Phon. Alph.		Wade-Giles			Yale	G.R.	P.Y.
		Letter	Name	Init.	Sample syllable				
					Pron.	Char.			
1.	Labial	ㄅ	pō	p	pì	必	b	b	b
2.	Labial	ㄆ	p'ō	p'	p'í	皮	p	p	p
3.	Labial	ㄇ	mō	m	măn	滿	m	m	m
4.	Labial	ㄈ	fō	f	făn	反	f	f	f
5.	Dental	ㄉ	tē	t	tāng	當	d	d	d
6.	Dental	ㄊ	t'ē	t'	t'áng	唐	t	t	t
7.	Dental	ㄋ	nē	n	năi	乃	n	n	n
8.	Lateral	ㄌ	lē	l	lái	來	l	l	l
9.	Guttural	ㄍ	kē	k	kù	故	g	g	g
10.	Guttural	ㄎ	k'ē	k'	k'ŭ	苦	k	k	k
11.	Guttural	ㄏ	hē	h	hū	乎	h	h	h
12.	Palatal	ㄐ	chī	ch	chīn	今	j	j	j
13.	Palatal	ㄑ	ch'ī	ch'	ch'ǘn	羣	ch	ch	q
14.	Palatal	ㄒ	hsī	hs	hsìa	下	sy	sh	x
15.	Retroflex	ㄓ	chīh	ch	chāng	張	j	j	zh
16.	Retroflex	ㄔ	ch'īh	ch'	ch'ūn	春	ch	ch	ch
17.	Retroflex	ㄕ	shīh	sh	shàng	上	sh	sh	sh
18.	Retroflex	ㄖ	jīh	j	ján	然	r	r	r
19.	Dental	ㄗ	tzū	ts	tsú	足	dz	tz	z
20.	Dental	ㄘ	tz'ū	ts'	ts'ùn	寸	ts	ts	c
21.	Dental	ㄙ	szū	s	sūn	孫	s	s	s

Finals

Nat. Phon. Alphabet No.		Wade-Giles: With initial	Wade-Giles: Sample with initial Rom.	Char.	Wade-Giles: Sample without initial Rom.	Char.	Yale	G.R. Basic Form	P.Y.
1.	ㄚ	-a	ch'ā	察	à	阿	a	a	a
2.	ㄛ	-o (only in 26 ㄨㄛ)							
3.	ㄜ	-e (except with k, k', h)	té	得			e	e	e
		-o (after k, k', h)	hò	合	ò	餓	e	e	e
4.	ㄝ	-eh (only in 16 ㄧㄝ and 34 ㄩㄝ)					e	e	e
5.	ㄞ	-ai	pài	拜	ài	愛	ai	ai	ai
6.	ㄟ	-ei	tséi	賊			ei	ei	ei
7.	ㄠ	-ao	lǎo	老	aò	傲	au	au	ao
8.	ㄡ	-ou	shǒu	首	ōu	歐	ou	ou	ou
9.	ㄢ	-an	chàn	戰	ān	安	an	an	an
10.	ㄣ	-en	mén	門	ēn	恩	en	en	en
11.	ㄤ	-ang	fāng	方	áng	昂	ang	ang	ang
12.	ㄥ	-eng	kēng	更			eng	eng	eng
13.	ㄦ				érh	而	er	el	er
14.	ㄧ	-i	mǐ	米	yí	宜	yi	i	-i yi
15.	ㄧㄚ	-ia (i+a)	chiā	家	yá	牙	ya	ia	-ia ya
16.	ㄧㄝ	-ieh (i+eh)	lièh	列	yěh	也	ye	ie	-ie ye
17.	ㄧㄞ				yái (i+ai)	涯	yai	iai	yai

	Nat. Phon.	Wade-Giles					Yale	G.R.	P.Y.	
18.	ㄧㄠ	-iao (i+ao)	hsiǎo	小	yáo	堯	yau	iau	-iao	ya
19.	ㄧㄡ	-iu (i+(o)u)	Liú	劉	yǔ	有	you	iou	-iu	yo
20.	ㄧㄢ	-ien (i+e(=a)n)	t'iēn	天	yén	言	yan	ian	-ian	ya
21.	ㄧㄣ	-in (i+(e)n)	lín	林	yīn	因	yin	in	-in	yi
22.	ㄧㄤ	-iang (i+ang)	chiāng	江	yáng	羊	yang	iang	-iang	ya
23.	ㄧㄥ	-ing (i+(e)ng)	tìng	定	yíng	迎	ing	ing	-ing	y
24.	ㄨ	-u	sú	俗	wú	吾	wu	u	-u	wu
25.	ㄨㄚ	-ua (u+a)	kǔa	寡	wǎ	瓦	wa	ua	-ua	wa
26.	ㄨㄛ	-uo (u+o, after k, k', h, sh)	hǔo	火	wǒ	我	wo	uo	-uo (except with b, p, m, f)	wo
		-o (after other initials)	tsǒ	左			wo	o	-o (after b, p, m, f)	
27.	ㄨㄞ	-uai (u+ai)	kuài	怪	wài	外	wai	uai	-uai	w
28.	ㄨㄟ	-uei (u+ei, after k, k')	k'uēi	虧	wèi	未	wei	uei	-ui	w
		-ui (after other initials)	shǔi	水			wei	uei	-ui	
29.	ㄨㄢ	-uan (u+an)	luàn	亂	wàn	萬	wan	uan	-uan	w
30.	ㄨㄣ	-un (u+(e)n)	ch'ūn	春	wén	文	wen	uen	-un	w
31.	ㄨㄤ	-uang (u+ang)	huáng	黃	wàng	望	wang	uang	-uang	w
32.	ㄨㄥ	-ung (u+(e)ng)	lúng	龍	wēng	翁	ung	ong	-ong	w
33.	ㄩ	-ü	lǜ	律	yǜ	欲	yu	iu	-ü	y

Finals (Continued)

Nat. Phon.		Wade-Giles					Yale	G.R.	P.Y.	
34.	ㄩㄝ	-üeh (ü+eh)	hsüéh	學	yüèh	月	ywe	iue	-ue	yue
35.	ㄩㄢ	-üan (ü+an)	hsüǎn	選	yüán	原	ywan	iuan	-üan	yuan
36.	ㄩㄣ	ün (ü+(e)n)	chün̄	君	yüń	云	yun	iun	-ün	yun
37.	ㄩㄥ	iung (ü+(e)ng)	hsiūng	兄	yùng	用	yung	iong	-iong	yong

Syllables formed by the addition of voicing to an initial without changing the position of the tongue and the mouth

To show voicing after the four retroflex initials Wade adds -ih, Yale adds r, G.R. adds y, P.Y. adds i.

Nat. Phon.		Wade-Giles: Voiced initial	Wade-Giles: Sample syllable		Yale	G.R.	P.Y.
1.	ㄓ (init. 15)	chih (ch+ih)	chīh	知	jr	jy	zhi
2.	ㄔ (init. 16)	ch'ih (ch'+ih)	ch'ìh	斥	chr	chy	chi
3.	ㄕ (init. 17)	shih (sh+ih)	shìh	世	shr	shy	shi
4.	ㄖ (init. 18)	jih (j+ih)	jìh	日	r	ry	ri

To show voicing after the three dental initials, Wade changes s to z and adds u in 5 and 6, and adds zu in 7; Yale adds z in 6 and 7; G.R. adds y, P.Y. adds i.

Nat. Phon.		Wade-Giles: Voiced initial	Wade-Giles: Sample syllable		Yale	G.R.	P.Y.
5.	ㄗ (init. 19)	tzu (tz(=s)+u)	tzù	自	dz	tzy	zi
6.	ㄘ (init. 20)	tz'u (tz(=s)'+u)	tz'ù	次	tsz	tsy	ci
7.	ㄙ (init. 21)	szu (s+zu)	szū	思	sz	sy	si

A few remarks on certain features of the Wade system:

1. Initials 1, 5, 9, 12 and 15, 19. Instead of the b-, d-, g-, j-, (zh-), dz-, (tz-, or z-) used by Yale, G.R. and P.Y. these sounds are represented by p-, t-, k-, ch-, ts- because they are unvoiced whereas the English b,d, etc. are voiced.

   An approximation to the Chinese p-, t- and k- is to be found in the p-, t-, k- in "speed," "steed," "sky." Similarly the initials p- and t- in French are unvoiced, which is why the French names Paris and Tours are transliterated by the Chinese as 巴黎 and 都爾, i.e. Pālí and Tūěrh. The strongly aspirated unvoiced p'-, t'- and k'- are approximated in words like "pill," " till," "kill."

   The unvoiced ch- and ts- have no parallels in English and can only be learned by imitation.

2. Initials 14 (palatal) and 17 (retroflex). The palatals (12-14) are formed with the upper surface of the tongue flat against the hard palate (back of the teeth). The retroflexes (15-18) are formed with the tip of the tongue curled back so that its underside touches the roof of the mouth. Since the palatal initial is always associated with (in fact is caused by preparation of the tongue for) a succeeding -i or -ü (approx. = iu) it is really unnecessary to have a distinctive symbol, and G.R. in fact does not mark the distinction. It is only marked by Wade and Yale in one case, that of 14 and 17, presumably because 14 does not occur in English. Wade has hs- and sh-; Yale has sy- and sh-; P.Y. distinguishes all three j-zh, q-ch, x-sh.

3. Initial 18. The sound represented by j- is nearer to the J in French Jean than to an English r- which is used by Yale, G.R., and P.Y.

4. Final 3. Wade represents this sound by -o after the gutturals k, k', h and when there is no initial, and by -e after all other initials. No ambiguity results since final 28, which is written -o after other initials, is represented by -uo after the gutturals k, k', and h, and by wo when there is no initial.

5. Finals 14-37. In the Wade system all these finals which begin with -i, -u or -ü (= iu) are written with y, w, or yü when there is no other initial. In the case of nos. 14, 21, 24, 33-36 the y or w is a dummy initial that duplicates the i or u that follows it. Yale uses y and w

throughout whether there is another initial or not except for 21, 23 and 32, where it has -in, -ing and -ung after an initial. G.R. uses -i and -u in all cases except 26, where it has -o after b, p, m, f, and 32, where it has -ong after any initial. P.Y. like Wade uses y and w for i,u.

6. Final 19. This varies greatly with different tones. With the 1st and 2nd tones the sound is much nearer to -iu than to -iou. This accounts for the Wade and P.Y. use of -iu in contrast to the -iou of Yale and G.R.

7. Final 20. If we followed the phonetic alphabet this would be -ian or yan (as in Yale, G.R., and P.Y.) rather than -ien or yen. Actually -ien, yen, which is used by Wade, is nearer to the sound many of us hear, especially with tones 1 and 2.

8. Final 26. Wade gives -uo after k-, k'-, h-, sh-; -o after all other initials. This is necessary since -o is used after k-, k'-, h- for final 3.

9. Final 28 varies greatly with different tones. The first and second tone forms are closer to -ui than to -uei. Wade uses -uei after k- and k'-; -wei when there is no initial, and -ui after all other initials. The alternation of -ui and -uei is perhaps the least justifiable peculiarity of Wade.

10. Finals 30, 32, 36, 37. The letters of the phonetic alphabet give a very rough approximation to the actual sounds. Nos. 10 and 12 are incorporated to represent final -n and -ng presumably on the assumption that the e in -en and -eng will be elided. This e is dropped by Wade, Yale and P.Y. except when 30 and 32 occur without initial. Then for no good reason -wen and -weng are used instead of -wun and -wung. The e is kept by G.R. in 30 and in 32 when there is no initial, but dropped in 36 and 37.

11. Final 33. Yale treats this as always equivalent to -yu or -yw. A difficulty is that the degree of diphthongization varies, being most notably greater in 37 than in 33-36. This is marked in Wade by using -iu or -yu for 37 in contrast to -ü in the other cases, and in G.R. and P.Y. by using -io for 37 in contrast to -iu in the other cases.

Comparative Syllabary
of the Wade-Giles, Yale, G.R. and Pin-yin Systems of Romanization for Chinese

Wade-Giles	Yale (when different from Wade-Giles)	G. R.	P.Y.
a			
ai			
an			
ang			
ao	au	au	
cha	ja	ja	zha
ch'a	cha	cha	cha
chai	jai	jai	zhai
ch'ai	chai	chai	chai
chan	jan	jan	zhan
ch'an	chan	chan	chan
chang	jang	jang	zhang
ch'ang	chang	chang	chang
chao	jau	jau	zhao
ch'ao	chau	chau	chao
che	je	je	zhe
ch'e	che	che	che
chen	jen	jen	zhen
ch'en	chen	chen	chen
cheng	jeng	jeng	zheng
ch'eng	cheng	cheng	cheng
chi	ji	ji	ji
ch'i	chi	chi	qi
chia	jya	jia	jia
ch'ia	chya	chia	qia
chiang	jyang	jiang	jiang
ch'iang	chyang	chiang	qiang
chiao	jyau	jiau	jiao
ch'iao	chyau	chiau	qiao
chieh	jye	jie	jie
ch'ieh	chye	chie	qie
chien	jyan	jian	jian
ch'ien	chyan	chian	qian
chih	jr	jy	zhi
ch'ih	chr	chy	chi
chin	jin	jin	jin
ch'in	chin	chin	qin
ching	jing	jing	jing
ch'ing	ching	ching	qing
chiu	jyou	jiou	jiu
ch'iu	chyou	chiou	qiu
chiung	jyung	jiong	jiong
ch'iung	chyung	chiong	qiong
cho	jwo	juo	zhuo
ch'o	chwo	chuo	chuo
chou	jou	jou	zhou
ch'ou	chou	chou	chou
chu	ju	ju	zhu
ch'u	chu	chu	chu
chua	jwa	jua	zhua
ch'ua	chwa	chua	chua
chuai	jwai	juai	zhuai
ch'uai	chwai	chuai	chuai
chuan	jwan	juan	zhuan
ch'uan	chwan	chuan	chuan
chuang	jwang	juang	zhuang
ch'uang	chwang	chuang	chuang
chui	jwei	juei	zhui
ch'ui	chwei	chuei	chui
chun	jwun	juen	zhun
ch'un	chwun	chuen	chun
chung	jung	jong	zhong
ch'ung	chung	chong	chong
chü	jyu	jiu	ju
ch'ü	chyu	chiu	qu
chüan	jywan	jiwan	juan
ch'üan	chywan	chiuan	quan
chüeh	jywe	jiue	jue
ch'üeh	chywe	chiue	que
chün	jyun	jiun	jun
ch'ün	chyun	chiun	qun
e (see o)			
en			
eng			
erh	er	el	er
fa			
fan			
fang			
fei			
fen			
feng			
fo	fwo		
fou			
fu			
ha			
hai			

Comparative Syllabary (Continued)

Wade-Giles	Yale	G. R.	P.Y.
han			
hang			
hao	hau	hau	
he (see ho)			
hei			
hen			
heng			
ho	he	he	he
hou			
hsi	syi	shi	xi
hsia	sya	shia	xia
hsiang	syang	shiang	xiang
hsiao	syau	shiau	xiao
hsieh	sye	shie	xie
hsien	syan	shian	xian
hsin	syin	shin	xin
hsing	sying	shing	xing
hsiu	syou	shiou	xiu
hsiung	syung	shiong	xiong
hsü	syu	shiu	xu
hsüan	sywan	shiuan	xuan
hsüeh	sywe	shiue	xue
hsün	syun	shiun	xun
hu			
hua	hwa		
huai	hwai		
huan	hwan		
huang	hwang		
hui	hwei	huei	
hun	hwun	huen	
hung		hong	hong
huo	hwo		
i (see yi)			yi
jan	ran	ran	ran
jang	rang	rang	rang
jao	rau	rau	rao
je	re	re	re
jen	ren	ren	ren
jeng	reng	reng	reng
jih	r	ry	ri
jo	rwo	ruo	ruo
jou	rou	rou	rou
ju	ru	ru	ru
juan	rwan	ruan	ruan
jui	rwei	ruei	rue
jun	rwun	ruen	run
jung	rung	rong	rong

Wade-Giles	Yale	G. R.	P.Y.
ka	ga	ga	ga
k'a	ka	ka	ka
kai	gai	gai	gai
k'ai	kai	kai	kai
kan	gan	gan	gan
k'an	kan	kan	kan
kang	gang	gang	gang
k'ang	kang	kang	kang
kao	gau	gau	gao
k'ao	kau	kau	kao
ke (see ko)	ge	ge	ge
kei	gei	gei	gei
ken	gen	gen	gen
k'e (see k'o)	ke	ke	ke
k'en	ken	ken	ken
keng	geng	geng	geng
k'eng	keng	keng	keng
ko	ge	ge	ge
k'o	ke	ke	ke
kou	gou	gou	gou
k'ou	kou	kou	kou
ku	gu	gu	gu
k'u	ku	ku	ku
kua	gwa	gua	gua
k'ua	kwa	kua	kua
kuai	gwai	guai	guai
k'uai	kwai	kuai	kuai
kuan	gwan	guan	guan
k'uan	kwan	kuan	kuan
kuang	gwang	guang	guang
k'uang	kwang	kuang	kuang
kuei	gwei	guei	gui
k'uei	kwei	kuei	kui
kun	gwun	guen	gun
k'un	kwun	kuen	kun
kung	gung	gong	gong
k'ung	kung	kong	kung
kuo	gwo	guo	guo
k'uo	kwo	kuo	kuo
la			
lai			
lan			
lang			
lao	lau	lau	
le			
lei			
leng			
li			

Wade-Giles	Yale	G. R.	P.Y.
liang	lyang		
liao	lyau	liau	
lieh	lye	lie	lie
lien	lyan	lian	lian
lin			
ling			
liu	lyou	liou	
lo	lwo	luo	luo
lou			
lu			
luan	lwan		
lun	lwun	luen	
lung		long	long
lü	lyu	liu	
lüan	lywan	liuan	
lüeh	lywe	liue	lue
ma			
mai			
man			
mang			
mao	mau	mau	
mei			
men			
meng			
mi			
miao	myau	miau	
mieh	mye	mie	mie
mien	myan	mian	mian
min			
ming			
miu	myou	miou	
mo	mwo		
mou			
mu			
na			
nai			
nan			
nang			
nao	nau	nau	
nei			
nen			
neng			
ni			
niang	nyang		
niao	nyau	niau	
nieh	nye	nie	nie
nien	nyan	nian	nian

Wade-Giles	Yale	G. R.	P.Y.
nin			
ning			
niu	nyou	niou	
no	nwo	nuo	nuo
nou			
nu			
nuan	nwan		
nun	nwun	nuen	
nung		nong	nong
nü	nyu	niu	
nüeh	nywe	niue	nue
o	e	e	e
ou			
pa	ba	ba	ba
p'a	pa	pa	pa
pai	bai	bai	bai
p'ai	pai	pai	pai
pan	ban	ban	ban
p'an	pan	pan	pan
pang	bang	bang	bang
p'ang	pang	pang	pang
pao	bau	bau	bao
p'ao	pau	pau	pao
pei	bei	bei	bei
p'ei	pei	pei	pei
pen	ben	ben	ben
p'en	pen	pen	peng
peng	beng	beng	beng
p'eng	peng	peng	peng
pi	bi	bi	bi
p'i	pi	pi	pi
piao	byau	biau	biao
p'iao	pyau	piau	piao
pieh	bye	bie	bie
p'ieh	pye	pie	pie
pien	byan	bian	bian
p'ien	pyan	pian	p'ien
pin	bin	bin	bin
p'in	pin	pin	pin
ping	bing	bing	bing
p'ing	ping	ping	ping
po	bwo	bo	bo
p'o	pwo	po	po
p'ou	pou	pou	pou
pu	bu	bu	bu
p'u	pu	pu	pu

Comparative Syllabary (Continued)

Wade-Giles	Yale	G. R.	P.Y.
sa			
sai			
san			
sang			
sao	sau	sau	
se			
sen			
seng			
sha			
shai			
shan			
shang			
shao	shau	shau	
she			
shei			
shen			
sheng			
shih	shr	shy	shi
shou			
shu			
shua	shwa	shua	
shuai	shwai		
shuan	shwan		
shuang	shwang		
shui	shwei	shuei	
shun	shwun	shuen	
shuo	shwo		
so	swo	suo	suo
sou			
ssu (see szu)			
su			
suan	swan		
sui	swei	suei	
sun	swun	suen	
sung	sung	song	song
szu	sz	sy	si
ta	da	da	da
t'a	ta	ta	ta
tai	dai	dai	dai
t'ai	tai	tai	tai
tan	dan	dan	dan
t'an	tan	tan	tan
tang	dang	dang	dang
t'ang	tang	tang	tang
tao	dau	dau	dao
t'ao	tau	tau	tao
te	de	de	de
t'e	te	te	te
teng	deng	deng	deng

Wade-Giles	Yale	G. R.	P.Y.
t'eng	teng	teng	teng
ti	di	di	di
t'i	ti	ti	ti
tiao	dyau	diau	diao
t'iao	tyau	tiau	tiao
tieh	dye	die	die
t'ieh	tye	tie	tie
tien	dyan	dian	dian
t'ien	tyan	tian	tian
ting	ding	ding	ding
t'ing	ting	ting	ting
tiu	dyou	diou	diou
to	dwo	duo	duo
t'o	two	tuo	tuo
tou	dou	dou	dou
t'ou	tou	tou	tou
tsa	dza	tza	za
ts'a	tsa	tsa	ca
tsai	dzai	tzai	zai
ts'ai	tsai	tsai	cai
tsan	dzan	tzan	zan
ts'an	tsan	tsan	can
tsang	dzang	tzang	zang
ts'ang	tsang	tsang	cang
tsao	dzau	tzau	zao
ts'ao	tsau	tsau	cao
tse	dze	tze	ze
ts'e	tse	tse	ce
tsei	dzei	tzei	zei
tsen	dzen	tzen	zen
ts'en	tsen	tsen	cen
tseng	dzeng	tzeng	zeng
ts'eng	tseng	tseng	ceng
tso	dzwo	dzuo	zuo
ts'o	tswo	tsuo	cuo
tsou	dzou	tzou	zou
ts'ou	tsou	tsou	cou
tsu	dzu	tzu	zu
ts'u	tsu	tsu	cu
tsuan	dzwan	tzuan	zuan
ts'uan	tswan	tsuan	cuan
tsui	dzwei	tzuei	zui
ts'ui	tswei	tsuei	cui
tsun	dzwun	tzuen	zun
ts'un	tswun	tsuen	cun
tsung	dzung	tzong	zong
ts'ung	tsung	tsong	cong
tu	du	du	du
t'u	tu	tu	tu
tuan	dwan	duan	duan

Wade-Giles	Yale	G. R.	P.Y.
t'uan	twan	tuan	tuan
tui	dwei	duei	dui
t'ui	twei	tuei	tui
tun	dwun	duen	dun
t'un	twun	tuen	tun
tung	dung	dong	dong
t'ung	tung	tong	tong
tzu	dz	tzy	zi
tz'u	tsz	tsy	ci
wa		ua	
wai		uai	
wan		uan	
wang		uang	
wei		uei	
wen		uen	
weng		ueng	
wo		uo	
wu		u	
ya		ia	
yai		iai	
yang		iang	
yao	yau	iau	
yeh	ye	ie	ye
yen	yan	ian	yan
yi		i	
yin		in	
ying		ing	
yu	you	iou	you
yung		iong	yong
yü	yu	iu	yu
yüan	ywan	iuan	yuan
yüeh	ywe	iue	yue
yün	yun	iun	yun

Romanized Version of Texts 1 - 6

Yī. Chí-hsiūng

(1) Yā míng yǘ shù-shàng. (2) Érh yǐ shíh chí chīh。 (3) Fù yüēh: "Hó-yǐ chí yā?" (4) Érh yüēh: "Jén yén (5) 'Ch'üèh chīh míng chí, yā chīh míng hsiūng.' (6) Chīn, míng-chĕ yā yĕh; (7) yǐ-kù chí chīh." (8) Fù yüēh: "Jén chīh chìh kāo yǘ niăo chīh chìh. (9) Jén pù néng chīh chí hsiūng, (10) niăo hó-yǐ néng chīh chīh?"

Èrh. Yiňg

(1) Yí hsì, ch'ǘn érh hsì yǘ yüàn-chūng. (2) Míng yüèh ch'ū shàng。 (3) Yüàn-chūng shù yiňg măn tì。 (4) Ch'ǘn érh chiēh lè。 (5) Yú-ch'iňg, yì érh hū chüéh yŭ jén súi chīh. (6) Shèn k'ŭng. (7) Chí kào ch'í yŭ。 (8) Yǚ yüēh: "Súi jú chĕ, nái jŭ chīh yíng yĕh. (9) Tāng jǖ hsíng yǘ yüèh-hsià chīh shíh, tì-shàng sùi yú jú yiňg. (10) Jŭ hó-yǐ wàng chīh?"

Sān. Pú shìh-tzù

(1) Shān yú hŭ, hài jén ch'iĕh shāng ch'ù。 (2) Lièh-jén móu pú hŭ。 (3) Shè chiňg yǐ szù chīh. (4) Yǐ tà tzù shū yǘ ch'iáng-shàng, yüēh: (5) "Hsià yú hú-chiňg; hsíng-jén chĭh-pù." (6) Tzù chì tà ch'iĕh chù. (7) Hsiāng-jén

chīh pú shìh-tzù chě kuò ch'iáng-hsià, (8) ch'iěh kō ch'iěh hsíng. (9) Wu t'à hú-chiňg érh tò yǘ ch'í chūng. (10) Tà hū yǐ ch'iú chiù. (11) Chì ch'ū, jén wèi chīh shūo ch'iáng-shàng sŏ shū chīh yì. (12) Hsiāng-jén t'àn yüēh: (13) Wú jò shìh-tzù, ch'ǐ chih tz'ŭ tsāi!

Szù. Yā

(1) Yā k'ŏ shèn. (2) Chièn yüàn-chūng yú shŭi-hú, năi yü yǐn chīh。 (3) Hú shēn shúi ch'iĕn. (4) Yā sūi chiéh lì yǐ shēn chiňg, yú pù té yiň. (5) Yáng shŏu érh szū, yüēh: (6)"Shǐh hú ch'ien érh shŭi shēn, tsé wŏ té yiň。 (7) Chiñ, fēi-tú hú shēn érh shŭi yì ch'iĕn, tsùng pèi wú chiňg chīh ch'áng, yì pù té yiň。 (8) Wŏ hó yǐ chieĕh wú k'ŏ?" (9) Chiŭ-chīh, yā szù yú sŏ wù。 (10) Năi fēi-ch'ǜ。 (11) Hsién shíh érh chìh。 (12) T'óu shíh yǘ hú-chūng。 (13) Wáng făn shíh yǘ tz'ù. (14) Shíh chī shŭi shēng。 (15) Yā té yiň, ch'í k'ŏ sùi chiĕh.

Wŭ。 Shàn shè chĕ

(1) Tzŭ Chó-jú-tzŭ, Chèng chīh shàn shè ché yĕh。 (2) Chèng jén shǐh chīh ch'iñ Wèi, Wèi shǐh Yǘ-kūng-chīh-szū chūi chīh。 (3) Tzŭ Chó-jú-tzŭ yüēh: (4) "Chiñ-jìh wŏ chí-tsò, pù k'ó-yǐ chíh kūng。 (5) Wú szŭ yǐ." (6) Wèn ch'í p'ú yüēh: (7) "Chūi wó chĕ shúi yĕh?" (8) Ch'í p'ú yüēh: "Yǘ-kūng-chīh-szū yĕh." (9) Tzŭ Chó-jú-tzŭ yüēh: "Wú shēng yǐ." (10) Ch'í p'ú yüēh: "Yǘ-kūng-chīh-szū, Wèi

chīh shàn shè ché yěh. (11) Fū-tzŭ yüēh: 'Wú shēng,' hó wèi yěh?" (12) Tzŭ Chó-jú-tzŭ yüēh: "Yǘ-kūng-chīh-szū chīh shīh wéi Yiñ-kūng-chīh-t'ō. (13) Yiñ-kūng-chīh-t'ō chīh shīh chí wŏ. (14) Yiñ-kūng-chīh-t'ō, chün̄-tzú yěh. (15) Ch'í yŭ pì fēi hsiăo-jén yěh." (16) Yǘ-kūng-chīh-szū chìh. (17) Yüēh: "Fū-tzŭ hō-wèi pù chíh kūng?" (18) Tzŭ Chó-jú-tzŭ yüēh: "Chin̄-jìh wŏ chí-tsò, pù k'ó-yǐ chíh kūng." (19) Yǘ-kūng-chīh-szū yüēh: "Hsiăo-jén chīh shīh năi fū-tzŭ chīh t'ú. (20) Wŏ pù-jén yǐ fū-tzŭ chīh tào făn hài fū-tzŭ. (21) Súi-ján, chin̄-jìh chīh shìh, chün̄ shìh yěh. (22) Wŏ pù-kăn fèi." (23) Ch'ü ch'í shǐh chīh chin̄, szù shè érh hòu făn.

Liù. Shān-shuǐ

(1) Yí jìh, fēng-hó jìh-lì. (2) Chāng shēng yǘ Lǐ shēng tzù ch'í sŏ chū chīh ch'éng ch'ū érh yú. (3) Ch'éng chīh hsī yŭ yì shān. Eřh shēng pù-hsíng érh wăng. (4) Chí ch'í chìh yěh, chièn shìh ch'ù shān-míng shŭi-hsiù, yú-chě shèn chùng. (5) Eřh shēng tēng shān chīh tsùi kāo ch'ù. (6) Chāng shēng yăng shìh yün̄ chīh fú, niăo chīh fēi, yüēh: (7) "Tēng szū shān, ján-hòu chīh t'iēn-tì chīh tà." (8) Lǐ shēng fŭ shìh liú shŭi yǚ hsíng jén, yüēh: (9) "Pù tēng kāo shān, pù chīh jén chīh wéi yěh." Eřh shēng chiēh hsin̄-k'ùang shén-yí (11) Eřh shēng hsià shān érh tūng. Hsíng shù lǐ, chìh yì hsiăo ch'ī. (12) Ch'ī ch'iēn shŭi ch'īng. (13) Eřh shēng fŭ shìh chīh, tsé chièn ch'í yǐng yēn. (14) Eřh shēng hsiào, yǐng yì hsiào; èrh shēng hsíng, yǐng yì hsíng. (15) Eřh

shēng lè-shèn. (16) Chāng shēng yüēh: "Kŭ jén yün, 'Chìh-chĕ lè*shŭi, jén-chĕ lè* shān.' (17) Chīn wú-pèi fēi-wéi lè* shān, ch'iĕh-yì lè* shŭi. (18) Wú-pèi jén-chĕ hū, yì chìh-chĕ hū?" (19) Lĭ shēng yüēh: "Wú-pèi fēi jén-chĕ, yì fèi chìh-chĕ, năi lè-t'iēn-ché yĕh."

*A learned tradition calls for the pronunciation yào in this context.

INDEX TO CHARACTERS

INDEX TO CHARACTERS

This index includes all characters which occur in the Texts or the Exercises for which there are individual entries in the Vocabularies in Volume II. It does not include characters which occur only in names. In the case of binomes only the first character is given. On the other hand characters which only occur as representing a constituent of a composite word or an idiomatic phrase are included, since they do have individual entries.

The arrangement is by radical and number of strokes. Characters with the same radical and number of strokes are arranged as they occur in the index to the Tz'ú Hăi 辭海, that is, in the order of the radical of the phonetic element.

It is to be emphasized that this is an index to characters, not to words and idioms. The reference given is to that occurrence which is the occasion for a main entry in the Vocabulary where the character appears in association with the word for which it is thought to have been used originally. The main entry contains cross references to all the other words which are represented by this character including those which merely borrow it for reasons of phonetic similarity.

References are given to the number of the segment of the Text to which a given Vocabulary item applies. In the case of the main Texts 1-34 the reference is in the form 1(1), 23(12), etc. Items in the supplementary word lists for the exercises related to Texts 10-22 are referred to as 10S(7), 14S(4), etc. References to the Additional Texts are in the form A(3), B(5), etc. The references are of course applicable both to the Chinese Texts and Exercises in Volume I and to the Vocabularies in Volume II.

一 丨 丶 丿 乙 亅 二 亠 人

R1 一

一 1(0)
七[1] 7(0)
丈[2] 23(0)
三 3(0)
上 1(1)
下 6(11)
不[3] 1(9)
丐 29(9)
丑 18(13)
且[4] 3(1)
世 8(15)
並[7] 24(17)

R2 丨

中[3] 2(1)

R3 丶

丹[3] 24(16)
主[4] 23(9)

R4 丿

乃[1] 2(8)
久[2] 4(9)
之[3] 1(2)
乎[4] 6(18)
乏 14(1)
乘[9] 14(9)

R5 乙

九[1] 9(0)
乞[2] 29(1)
也 1(6)
乳[7] 24(10)
亂[12] 11(2)

R6 亅

了[1] 24(15)
予[3] 32(1)
事[7] 5(21)

R7 二

二 2(0)
于[1] B(1)
云[2] 6(16)
五 5(0)
井 26(5)
互[4] 28(2)
况[5] 30(26)

R8 亠

亡[1] 11(36)
交[4] 11(47)
享[6] 32(1)
京 32(8)
亭[7] 17(17)

R9 人

人 1(4)
仁[2] 6(16)
仇 32(24)
今 1(6)
介 26(28)
仍 18(15)
他[3] 19(8)
仗 34(6)
仙 28(8)
代 18(20)
令 17(6)
以 1(2)
仰[4] 4(5)
仲 33(5)
任 28(35)
仿 30(13)
伏 13(10)
伐 20(1)
伸[5] 4(4)
伺 3(3)
似 4(9)
但 16(4.2)
位 13(18)
低 27(2.7)
住 16(5.1)
佐 30(25)
佔 32(20)
何 1(3)
余 24(2)
佛 26(10)
作 5(4)
使[6] 4(6)
侃 30(27)
來 14(5)
例 18(0)
供 32(20)
依 24(13)
侯[7] 11(27)
侵 5(2)
便 16(3.6)
係 18(20)
俎 17S(23)
俗 18(5)
俚 34(48)
保 29(1)
信 20(7)
修[8] 9(6)
俯 6(8)
俱 17(14)
倍 4(7)
倒 32(1)
候 23(8)
倚 14(5)
借 25(10)
值 17(5)
倦 14(18)
倣 34(5)
假[9] 18(13)
偉 34(47)
偕 33(26)
偶 16(2.0)
側 24(9)
傅[10] 30(1)
傑 33(7)
備 18(13)
傳[11] 25(0)
債 14S(9)
傷 3(1)
僅 14S(6)
僕[12] 5(6)
價[13] 34(3)
僻 21S(10)

億 32(20)
儆 32(8)
儐^{14} B(3)
儒 K(3)
償^{15} 14(22)
優 18S(6)
儵^{17} 12(2)

R10 儿

元^{2} 18(7)
兄^{3} 11(15)
充 14(27)
兆^{4} 32(20)
先 7(4)
光 27(4.5)
克^{5} 20(16)
免 8(3)
兒^{6} 1(2)
兢^{12} 32(4)

R11 入

入 13(14)
內^{2} 10(2)
全^{4} 12(6)
兩^{6} 16(3.4)

R12 八

八 8(0)
公^{2} 14(12)
六 6(0)
兮 17(4)
共^{4} 16(5.4)
兵^{5} 10(7)
其^{6} 2(7)
具 14(4)
典 28(9)
兼^{8} 11(0)

R13 冂

再^{4} 20(17)
冒^{7} 29(25)

R14 冖

冗^{2} 29(5)
冠^{7} 14(25)

R15 冫

冬^{3} 26(34)
冷^{5} 33(35)
凌^{8} 30(6)

R16 几

凡^{1} 15(4)

R17 凵

凶^{2} 1(0)
出^{3} 3(11)

R18 刀

刃^{1} 10(7)
分^{2} 17(11)
切 18(1)
刈 17(10)
刊^{3} 18(22)
刎^{4} 17(22)
列 25(5)
初^{5} 2(2)
別 28(12)
利 11(14)
刑^{6} 26(23)
制 18(21)
券 14(20)
刺 22(13)
刻 24(6)
則^{7} 4(6)
削 24(19)
前 23(11)
剖^{8} 26(26)
割^{10} 29(20)
創 17(20)
劇^{13} 34(43)
劍 14(5)

R19 力

力 4(4)
功^{3} 13(10)
加 10(5)
勇^{7} 13(13)
動^{9} 18(22)
勘 27(3.0)
務 28(36)
勝^{10} 17(10)
勞 27(3.15)
募^{11} 29(7)
勢 24(1)
勤 23(14)
勵^{15} 30(4)
勸^{18} 11(46)

R20 勹

勿^{2} 8(16)
匍^{7} 23(17)

R21 匕

化^{2} 30(2)
北^{3} 16(4.1)

R22 匚

匡^{4} 34(70)
匱^{12} 29(9)

R23 匸

匹^{2} 30(20)
區^{9} 14(28)

R24 十

十 4(13)
千^{1} 17(6)
升^{2} 4(14)
半^{3} K(4)
卉 28(30)
卑^{6} 13(17)
卒 17(9)
南^{7} 16(3.2)
博^{10} 26(1)

R25 卜

卜 16(5.0)
占^{3} K(2)
卡 30(17)
卦^{6} K(5)

R26 卩

厂 厶 又 口 囗 土

壞^{16} 29(4)

R33 士

士 18(3)
壯^{4} 17(5)
壹^{9} 26(23)
壺 4(2)
壽^{11} 23(18)

R35 夊

夏^{7} 26(34)
夐^{11} 34(22)

R36 夕

夕 2(1)
外^{2} 14(27)
多^{3} 10(5)
夜^{5} 16(1.3)
夢^{11} 33(31)

R37 大

大 3(4)
天^{1} 6(7)
夫 5(11)
夭 26(23)
央^{2} 32(26)
失 7(10)
夷^{3} 18(8)
奉^{5} L(10)
奄 32(1)
奇 24(1)
奈 14(28)
奔^{6} 23(23)
契 14(20)
奏 29(1)
奚^{7} G(4)
套 34(6)
奧^{10} 30(3)
奪^{11} 7(8)
奮^{13} 30(5)

R38 女

女 25(1)
奴^{2} 26(12)
好^{3} 10(6)
如 8(4)
妄 13(21)
妹^{5} 33(27)
妻 22(2)
妾 22(4)
始 9(3)
姑 23(15)
姓 19(13)
姣^{6} 34(24)
姦 25(10)
威 18(14)
婦^{8} 22(11)
媒^{9} K(3)
媚 23(8)
婿 28(14)
嬰^{14} 31(20)

R39 子

子 5(0)
孑 26(6)
字^{2} 3(0)
存^{3} 13(13)
孚^{4} 20(8)
孝 11(13)
孤^{5} 25(6)
孫^{7} 31(26)
孰^{8} 22(2)
學^{13} 9(0)
孺^{14} L(6)
孽^{17} 29(23)

R40 宀

宅^{3} 18(20)
宇 28(26)
守 8(15)
安 7(9)
完^{4} 31(12)
宏 30(13)
宗^{5} 29(18)
官 27(3.1)
定 9(2)
宜 19(12)
客^{6} 14(0)
室 11(24)
宣 18(21)
宦 25(0)
宮^{7} 14(27)
害 3(1)
家 9(6)
容 23(15)
寂^{8} 24(14)
寄 14(1)
密 18(19)
寇 13(13)
富^{9} 13(20)
寐 33(37)
寒 23(10)
寘^{10} 18(6)
察^{11} 10(4)
寡 10(1)
寢 22(9)
實 14(27)
寬^{12} F(7)
寶^{17} 14(27)

R41 寸

寸 24(1)
寺^{3} 27(4.0)
封^{6} 28(9)
射^{7} 5(0)
將^{8} 8(11)
專 20(5)
尉 17(15)
尊^{9} 17S(19)
尋 27(5.0)
對^{11} 8(5)
導^{13} N(6)

R42 小

小 5(15)
少^{1} 10(5)
尚^{5} 30(26)

R43 尢

尤^{1} 23(6)

士
夊
夕
大
女
子
宀
寸
小
尢

尸 山 巛 工 己 巾 干 幺 广 廴 廾 弋 弓 彡 彳

Character	Added strokes	Reference
就	9	14(31)

R44 尸

Character	Added strokes	Reference
尸		34(16)
尺	1	22(1)
尾	4	16(5.2)
局		28(36)
居	5	6(2)
屋	6	28(26)
屍		J(8)
屏	8	K(7)
屠	9	13(0)
屢	11	28(34)
屬	18	8(8)

R46 山

Character	Added strokes	Reference
山		3(1)
岡	5	32(26)
岸		16(3.6)
峨	7	24(7)
峯		28(3)
嶂	11	28(8)
嶽	14	28(3)
巒	19	28(7)

R47 巛

Character	Added strokes	Reference
川		27(2.1)
州	3	27(8.2)

R48 工

Character	Added strokes	Reference
工		18(7)
左	2	7(6)
巧		24(1)
巫	4	K(2)

R49 己

Character	Added strokes	Reference
己		21(2)
已		12(8)
巵	4	7(1)
巷	6	27(7.0)

R50 巾

Character	Added strokes	Reference
市	2	8(14)
布		J(9)
希	4	H(8)
帖	5	33(11)
帛		20(7)
帝	6	26(33)
師	7	5(12)
席		18(20)
帳	8	17(3)
帶		F(1)
常		17(3)
帷		25(7)
幣	12	8(7)

R51 干

Character	Added strokes	Reference
干		32(24)
平	2	9(8)
并	3	18(20)
幸	5	17(3)

R52 幺

Character	Added strokes	Reference
幼	2	14(31)
幽	6	27(4.3)
幾	9	16(5.5)

R53 广

Character	Added strokes	Reference
序	4	19(8)
床		33(37)
底	5	24(9)
府		18(21)
度	6	17(9)
座	7	30(1)
庶	8	26(55)
庸		18(9)
廓	11	33(34)
廐		14(27)
廟	12	26(48)
廠		28(36)
廢		5(22)
廣		G(7)
廬	16	26(54)
廳	22	32(26)

R54 廴

Character	Added strokes	Reference
廷	4	22(11)
延	5	13(18)
建	6	31(18)

R55 廾

Character	Added strokes	Reference
廿	1	18(19)
弊	12	29(4)

R56 弋

Character	Added strokes	Reference
式	3	28(27)

R57 弓

Character	Added strokes	Reference
弓		5(4)
引	1	7(5)
弗	2	11(6)
弟	4	11(15)
弦	5	21S(23)
弱	7	19(10)
張	8	29(17)
強		13(8)
彈	12	14(5)
彊	13	19(7)

R59 彡

Character	Added strokes	Reference
形	4	22(1)
影	12	2(0)

R60 彳

Character	Added strokes	Reference
役	4	L(15)
彷		27(10.2)
彼	5	17(12)
往		4(13)
待	6	17(17)
律		31(10)
後		5(23)
徑	7	16(4.3)
徒		5(19)
得	8	4(4)
從		8(14)
御		G(6)
徧	9	14(23)
復		13(7)
循		12(7)
微	10	6(9)

德[12] 9(1)

R61 心

心 6(10)
必[1] 5(15)
忍[3] 5(20)
志 21(12)
忘 2(10)
忠[4] 20(10)
念 18(19)
忼 17(4)
忽 2(5)
快 17(10)
怒[5] 23(14)
思 4(5)
怠 26(23)
怡 6(10)
急 2(7)
性 14(18)
怨 21(9)
怪 14(15)
怫 J(6)
恆 18(23)
恃[6] 25(5)
恐 2(6)
恕 21(4)
恢 30(13)
恥 23(15)
恨 16(5.6)
恩 26(23)
恭 21(10)
息 27(10.3)
悅[7] 14(29)
悉 14(22)
悔 25(14)
悟 4(9)
患 8(11)
悲[8] 17(4)
情 20(9)
惑 25(13)
惘 33(36)
惜 27(9.1)
惟 18(24)
惠 20(6)
惡 11(33)
惰[9] L(6)
想 23(1)
愈 23(29)
意 9(6)
愚 14(18)
愛 11(0)
感 23(5)
愧[10] 17(18)
慄 L(6)
慈 11(18)
慊 33(11)
態 24(1)
慍 21(1)
慧[11] 33(16)
慮 9(2)
慰 23(1)
憂 14(18)
憲[12] 32(14)
憤 14(18)
憐[13] 17(18)
應 27(10.4)
懦[14] 14(18)
懲[15] 26(42)
懷[16] 34(4)
懼[18] 20(18)
懾 L(4)
懿 33(7)

R62 戈

戈 K(9)
戌[2] 33(34)
戎 18(8)
成[3] 7(4)
我 4(6)
戒 25(15)
或[4] 8(15)
戰[12] 10(6)
戲[13] 2(1)

R63 户

户 17(22)
戾[4] 29(22)
房 27(4.4)
所 3(11)
扇[6] 24(5)

R64 手

手 7(6)
才[1] 23(2)
扶[4] 14(31)
承 18(19)
技 24(19)
抉 25(10)
把 25(4)
抑 6(18)
投 4(12)
抗 18(20)
折 26(26)
披[5] 23(13)
抵 23(11)
拒 23(8)
拔 17(4)
拘 18(20)
招 30(22)
拜 23(18)
括[6] 33(11)
拱 29(14)
拾 21S(16)
持 7(6)
指 17(21)
挈 33(26)
按 18(2)
挺[7] J(11)
挾 25(8)
捕 3(2)
捲[8] 27(11.3)
捽 25(13)
掃 16(4.3)
授 28(39)
掉 27(3.8)
掌 15(1)
掛 24(11)
探 E(5)
接 10(7)
推 32(8)

支攴文斗斤方无日曰月

掩 23(28)	支 24(11)	斗 26(24)	旦^{1} 22(6)	暮^{11} 22(9)
採 18(17)		料^{6} 32(20)	昂^{4} 24(10)	暴 32(19)
揖^{9} 23(21)	R66 攴	斛^{7} 26(24)	昆 26(45)	曉^{12} 16(1.0)
揚 23(23)	收^{2} 14(14)	斜 27(7.2)	明 2(2)	曠^{15} 6(10)
揣 29(21)	改^{3} 16(2.2)		昏 27(12.1)	曩^{17} K(11)
揮 32(21)	攻 11(4)	R69 斤	易 17(14)	
搶^{10} J(10)	政^{4} 10(4)	斥^{1} 18(20)	昔 8(6)	R73 曰
摯^{11} 34(27)	故^{5} 1(7)	斬^{7} 17(10)	映^{5} 30(22)	曰 1(3)
摹 28(27)	效^{6} 8(16)	斯^{8} 6(7)	春 16(1.0)	曲^{2} 27(0)
撓^{12} J(12)	教^{7} 26(18)	新^{9} 25(0)	昧 29(25)	曳 10(7)
撫 14(28)	敏 21(9)	斷^{14} 27(12.5)	昨 23(14)	更^{3} 23(2)
撰 28(25)	救 3(10)		昭 13(1)	曷^{5} 26(35)
撻^{13} I(3)	敗 17(9)	R70 方	是 6(4)	書^{6} 3(4)
擊 1(2)	敝^{8} 24(4)	方 17(17)	昳 22(1)	曾^{8} 16(4.3)
操 K(9)	敢 5(22)	於^{4} 1(1)	時^{6} 2(9)	最 6(5)
據 14S(0)	散 27(0)	施^{5} 11(33)	晚^{7} 32(16)	會^{9} 14(14)
擇 8(17)	敬^{9} 21(10)	旁^{6} 24(5)	晦 34(62)	
擬^{14} 32(4)	敲^{10} 27(10.4)	旋^{7} 13(18)	晨 14(24)	R74 月
擲^{15} 32(24)	敵^{11} 17(19)	族 18(14)	普^{8} 34(62)	月 2(2)
擾 K(11)	數 6(11)	旗^{10} 17(10)	景 28(26)	有^{2} 2(5)
攀 24(13)	整^{12} 32(21)		晷 34(65)	朋^{4} 21(1)
擴 30(13)		R71 无	智 1(8)	服 17(9)
攘^{17} 30(7)	R67 文	旣^{7} 3(6)	暇^{9} 34(65)	望^{7} 10(11)
攜^{18} 14(31)	文 1(9)		暑 29(11)	朝^{8} 22(2)
		R72 日	暍 29(11)	期 17(12)
R65 支	R68 斗	日 5(4)	暢^{10} 30(11)	朞 14(30)

火 爪 父 爻 爿 牙 牛 犬 玄 玉 甘

甘 23(8)
甚[4] 2(6)

R100 生

生 5(9)
產[6] 31(28)

R101 用

用 10(4)
甫[2] 24(15)

R102 田

田 16(3.1)
由 15(5)
甲 10(7)
申 G(2)
男[2] 32(10)
界[4] 31(21)
畏 13(14)
畜[5] 3(1)
畝 16(3.1)
留 30(2)
畢[6] 14(20)
略 30(2)
畧 33(28)
異 11(24)
畫[7] 7(0)
當[8] 2(9)
疆[14] 29(1)
疇 31(25)

R103 疋

疏[7] 18(3)
疑[9] 24(20)

R104 疒

疾[5] 5(4)
病 23(6)
症 29(11)
痛[7] 18(20)
瘦[10] 27(11.7)
瘳[11] K(5)

R105 癶

登[7] 6(5)
發 18(20)

R106 白

白 27(6.3)
百[1] 10(0)
的[3] 32(5)
皆[4] 2(4)
皇 28(13)

R107 皮

皮 8(7)
皺[7] 28(26)
皷[9] 10(7)

R108 皿

皿 24(1)
盂[3] E(4)
盈[4] 20(17)
益[5] 23(2)
盛[7] 29(11)
盜 11(23)
盡[9] 10(1)
監 29(5)
盤[10] 16(4.5)
盬[11] 23(13)

R109 目

目 17(14)
相[4] 7(2)
省 28(2)
看 34(33)
眞[5] 34(27)
眠 16(1.1)
眼[6] 34(44)
眾 6(4)
睡[8] 27(11.2)
督 28(34)
睦 30(3)
睹[9] 24(20)
瞋[10] 17(14)
瞷[12] H(3)
矚[21] 24(18)

R111 矢

矢 5(23)
矣[2] 5(5)
知[3] 1(9)
短[7] 17(20)
矯[12] 14(23)

R112 石

石 1(2)
破[5] 17(9)
研[6] 33(12)
碑[8] 32(26)
碩[9] 25(5)
磬[11] 27(4.8)
礦[15] 30(22)
礮[16] 28(38)

R113 示

示 18(20)
祀[3] 26(23)
祈[4] 30(28)
祖[5] 29(18)
神 6(10)
祠 7(1)
祥[6] 26(47)
祭 21(9)
祿[8] 13(7)
禁 11(46)
稟 30(1)
禍[9] 25(1)
福 20(8)
禪[12] 27(4.0)
禮[13] 9(0)
禱[14] K(2)

R114 禸

禽[8] 19(1)

R115 禾

秀[2] 6(4)
私 22(9)
秋[4] 12(0)
科 33(33)

生用田疋疒癶白皮皿目矢石示禸禾

羞[5]	14(19)
羣[7]	2(1)
義	3(11)
羹[13]	17S(24)

R124 羽

羽	26(28)
翁[4]	16(4.7)
翎[5]	28(30)
習	14(14)

R125 老

老	8(8)
考	30(1)
耆[4]	8(8)
者[5]	1(6)

R126 而

而	3(9)

R127 耒

耕[4]	30(15)
耨[10]	30(15)

R128 耳

耳	10(1)
耶[3]	31(8)
聖[7]	11(1)
聘	21S(22)
聚[8]	17(15)
聞	8(10)
聯[11]	18(21)
聰	32(1)
聲	16(1.3)
聳	32(26)
職[12]	18(21)
聽[16]	24(14)

R129 聿

肄[7]	33(23)
肅	30(29)
肆	13(19)

R130 肉

肉	20(2)
肝[3]	32(24)
股[4]	33(13)
肥	27(11.7)
肩	B(5)
肯	16(4.7)
育	19(13)
背[5]	24(8)
胎	31(20)
胚	31(20)
胞	32(4)
胥	26(43)
胸[6]	24(10)
能	1(9)
脈	28(2)
脆	L(6)
脫	17(9)
腦[9]	32(24)
腸	27(12.5)
膝[11]	24(9)
膺[13]	26(42)
臂	24(11)
臘[15]	23(27)

R131 臣

臣	11(13)
臥[2]	24(11)

R132 自

自	11(2)

R133 至

至	3(13)
致[3]	9(6)
臺[8]	28(8)

R134 臼

與[7]	6(2)
興[9]	21(7)
舉[11]	18(20)
舊[12]	16(4.6)

R135 舌

舍[2]	7(1)

R136 舛

舞[8]	30(9)

R137 舟

舟	24(0)
舶[5]	33(22)
船	17(17)
艙[10]	24(4)
艦[14]	30(6)

R138 艮

良[1]	19(13)
艱[11]	30(25)

R139 色

色	21(8)

R140 艸

艸	18(2)
艾[2]	33(37)
花[4]	16(1.4)
芻	30(4)
芽	31(34)
苟[5]	15(3)
若	3(13)
英	18(1)
茅	29(22)
茫[6]	27(2.6)
茲	33(40)
茶	24(14)
草	14(4)
莫[7]	15(4)
菊[8]	28(29)
華	29(10)
萌	31(34)
萬[9]	13(20)
落	16(1.4)
葉	28(23)
著	3(6)
葛	26(34)
葬	26(23)

虍 虫 血 行 衣 西 見 角 言

蒼[10]	27(2.5)
蓋	17(4)
蓑	16S(3)
蓬[11]	16(4.4)
蔬	26(45)
蔽[12]	21(3)
蕩	32(24)
蕘	30(4)
藤[15]	27(12.1)
藥	26(23)
藩	30(20)
蘭[17]	28(29)

R141 虍

虎[2]	3(1)
處[5]	6(4)
虚[6]	23(23)
虜[7]	L(10)
虞	29(23)
號	26(33)
虧[11]	11(14)

R142 虫

蚊[4]	24(15)
蚤	H(4)
蛇[5]	7(0)
蝴[9]	27(6.3)
蟲[12]	26(21)
蠻[19]	18(8)

R143 血

血	27(6.4)

R144 行

行	2(9)
術[5]	28(38)
衡[10]	24(13)

R145 衣

衣	14(25)
表[3]	18(20)
衰[4]	16(2.2)
袂	B(5)
袒[5]	24(10)
袖	23(8)
被	17(20)
裁[6]	19(8)
裂	29(15)
裕[7]	30(18)
補	33(10)
裝	14(20)
裘	26(34)
裳[8]	29(12)
製	29(7)
複[9]	18(24)
褊	23(29)
褶[11]	24(9)
襁[12]	F(5)
襲[16]	23(10)

R146 西

西	6(3)
要[3]	28(27)
覆[12]	24(4)

R147 見

見	4(2)
規[4]	30(2)
視[5]	6(6)
親[9]	9(1)
覲[10]	29(11)
覺[13]	2(5)
觀[18]	22(12)

R148 角

角	29(14)
解[6]	4(8)

R149 言

言	1(4)
訂[2]	18(19)
計	14(14)
訊[3]	26(17)
討	34(3)
訓	33(19)
訕	H(6)
託	28(32)
記	14(14)
訣[4]	28(29)
設	3(3)
許	24(3)
詠[5]	34(13)
詁	33(20)
詔	29(1)
詘	24(11)
詞	16(0)
試[6]	27(11.3)
詩	16(0)
詫	24(18)
詰	33(34)
話	34(35)
該	18(20)
詳	24(18)
誅	13(10)
誤[7]	3(9)
認	18(19)
誑	24(20)
誕	26(15)
誘	18(19)
語	18(13)
誠	9(6)
誦	33(15)
說	3(11)
誰[8]	5(7)
課	18(21)
調	18(11)
談	22(6)
請	7(4)
論	20(0)
諫[9]	22(0)
諭	J(12)
諷	22(0)
諸	11(27)
諾	14(3)
謀	3(2)
謁	33(31)
謂	5(11)
謚	28(40)
謗[10]	22(13)
謬[11]	29(6)
謹	29(25)

豆 豕 豸 貝 走 足 身 車 辛 辰 辵

邑酉釆里金長門阜隶隹

遊 6(2)
過 3(7)
遏 34(46)
道 5(20)
達 30(4)
遂 2(9)
遠^{10} 16(4.5)
遣 28(38)
適^{11} 23(23)
遨 16(3.7)
遵^{12} 34(62)
遷 28(14)
遲 23(18)
選 16(0)
遺 23(2)
遼 31(35)
遽^{13} 30(4)
避 13(14)
還 17(18)
邊^{15} 27(7.1)

R163 邑

邑 8(12)
邦^{4} 21(9)
邪 21(3)
郊^{6} 26(48)
郡^{7} 28(10)
部^{8} 18(2)
郭 26(24)
郵 30(6)
都^{9} 17(15)
鄉^{10} 3(7)
鄙^{11} 20(3)
鄰^{12} 10(4)

R164 酉

酋^{2} 31(18)
酒^{3} 7(1)
酣^{5} 14S(13)
醉^{8} 27(6.7)
醋 16(4.6)
醒^{9} 27(10.1)
醫^{11} 11(4)
釁^{18} 29(10)

R165 釆

采^{1} 32(4)
釋^{13} 29(11)

R166 里

里 6(11)
重^{2} 17(1)
野^{4} 27(2.4)

R167 金

金 5(23)
針^{2} 33(38)
釣^{3} 16S(3)
鈞^{4} 30(1)
鉅^{5} 30(25)
鉤 24(15)
銜^{6} 4(11)
銳^{7} 28(35)
鋏 14(5)
鋤 26(23)
錄^{8} 33(14)
錢 27(3.14)
鍾^{9} 13(20)
鎮^{10} 32(26)
鐘^{12} 27(4.8)
鐵^{13} 28(37)
鑒^{14} 29(25)
鑠^{15} 34(62)
鑛 28(36)
鑽^{19} 33(12)

R168 長

長 4(7)

R169 門

門 14(1)
閉^{3} 23(28)
開^{4} 14(18)
間 18(9)
閣^{6} 28(39)
閨 L(6)
閭^{7} B(5)
閱 18(2)
闊^{9} 17(4)
闌 27(10.8)
闔^{10} K(2)
關^{11} 18(20)
闢^{13} 30(22)
闥 25(7)

R170 阜

阱^{4} 3(3)
防 26(25)
阻^{5} 23(22)
附 26(12)
陋^{6} 29(6)
降 18(15)
限 C(2)
院^{7} 2(1)
除 K(8)
陰^{8} 18(11)
陷 17(7)
陸 28(36)
隊^{9} 17(11)
階 23(17)
隔^{10} 16(4.7)
隕 29(25)
隙 L(4)
際^{11} 30(3)
隨^{13} 2(5)
險 18(13)
隱^{14} 24(9)

R171 隶

隸^{9} 27(3.6)

R172 隹

雀^{3} 27(7.1)
雄^{4} 29(14)
集 18(5)
雕^{8} 24(5)
雖^{9} 4(4)
雜^{10} 16S(1)
雞 23(13)
離^{11} 16(2.1)
難 13(14)

麻
黃
黍
黑
鼓
鼻
齊

Character	Strokes	Reference
麋	6	24(19)
麓	8	28(20)
麗		6(1)

R200 麻

Character	Strokes	Reference
麻		26(29)
麾	4	17(5)

R201 黃

Character	Strokes	Reference
黃		31(26)

R202 黍

Character	Strokes	Reference
黍		24(3)

R203 黑

Character	Strokes	Reference
黜	5	26(32)
點		28(26)

R207 鼓

Character	Strokes	Reference
鼓		10(7)

R209 鼻

Character	Strokes	Reference
鼻		27(10.3)

R210 齊

Character	Strokes	Reference
齊		9(6)

ADDENDA

Radical	Character	Strokes	Reference
R8	亦	4	4(7)
R18	到	6	14(24)
R37	太		26(35)
R40	宋	4	18(16)
R51	年		14(30)
R76	歐	11	18(19)
R86	焦	8	G(2)
R109	直	3	10(10)
R115	泰	5	18(16)
R120	纂	14	33(16)
R123	美	3	14(27)
R144	衛	9	18(16)
R149	講	10	18(21)
R149	謝	10	14(18)
R156	走		10(7)
R167	鏡	11	22(2)
R170	陣	7	14(27)
R170	陳	8	13(17)

齊 魚臨淄

臨淄 泰山 尼立 蘭陵 薛 濤泗

郯 任 滕 沛

邶 燕 信陵 宋 陳

河 安陵

中山 趙 邯鄲 鄭 蔡 楚

魏 河內 洛

隨 周 韓 東城 陰陵 烏江

河東 函谷關

江東 會稽(吳中)

淮

江

漢水

郢

宗立

秦 咸陽

岐山 梁山 邶

蜀

江

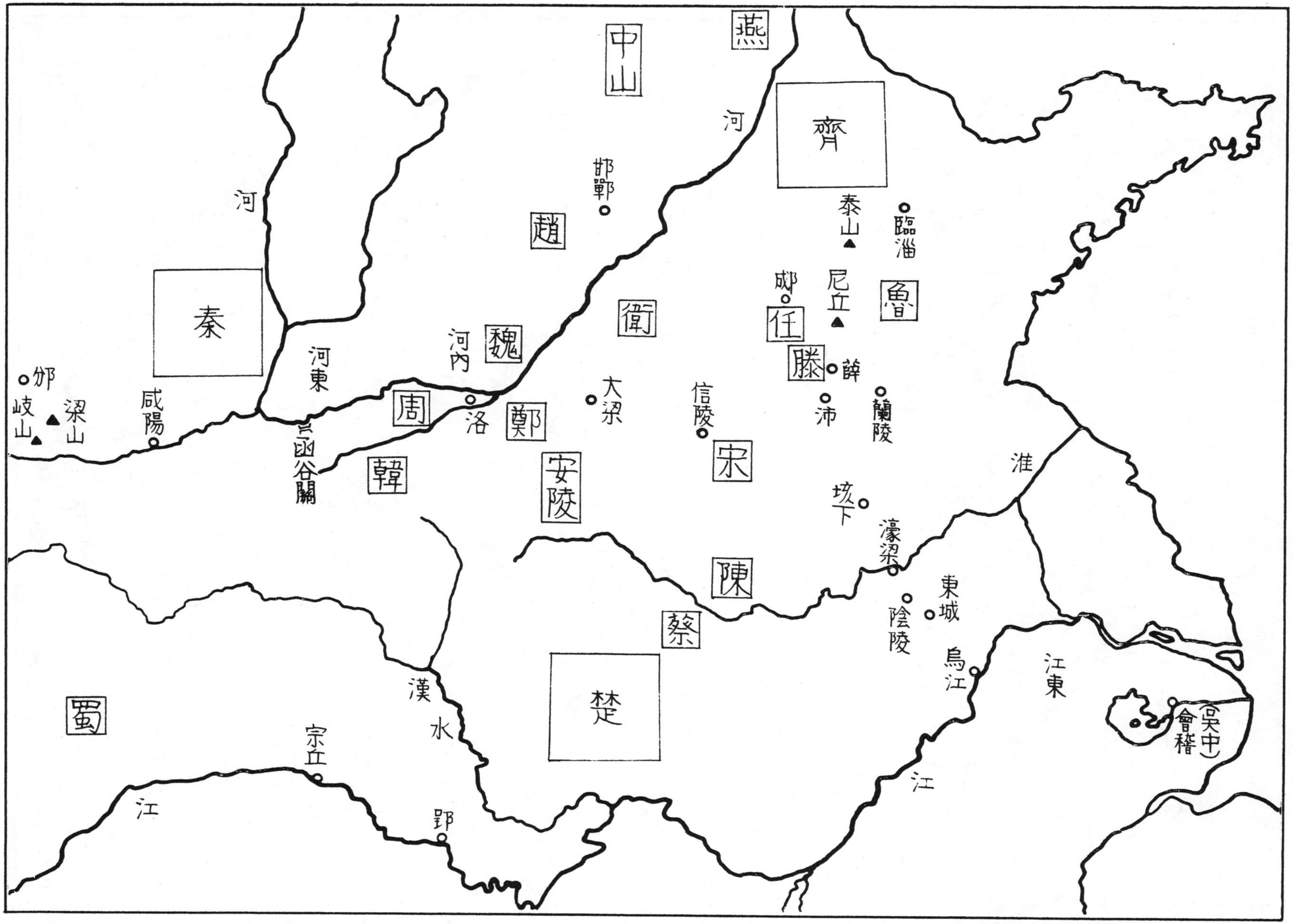

Map I. Pre-Hàn China. Names of states are in squares, larger squares for the greater states.

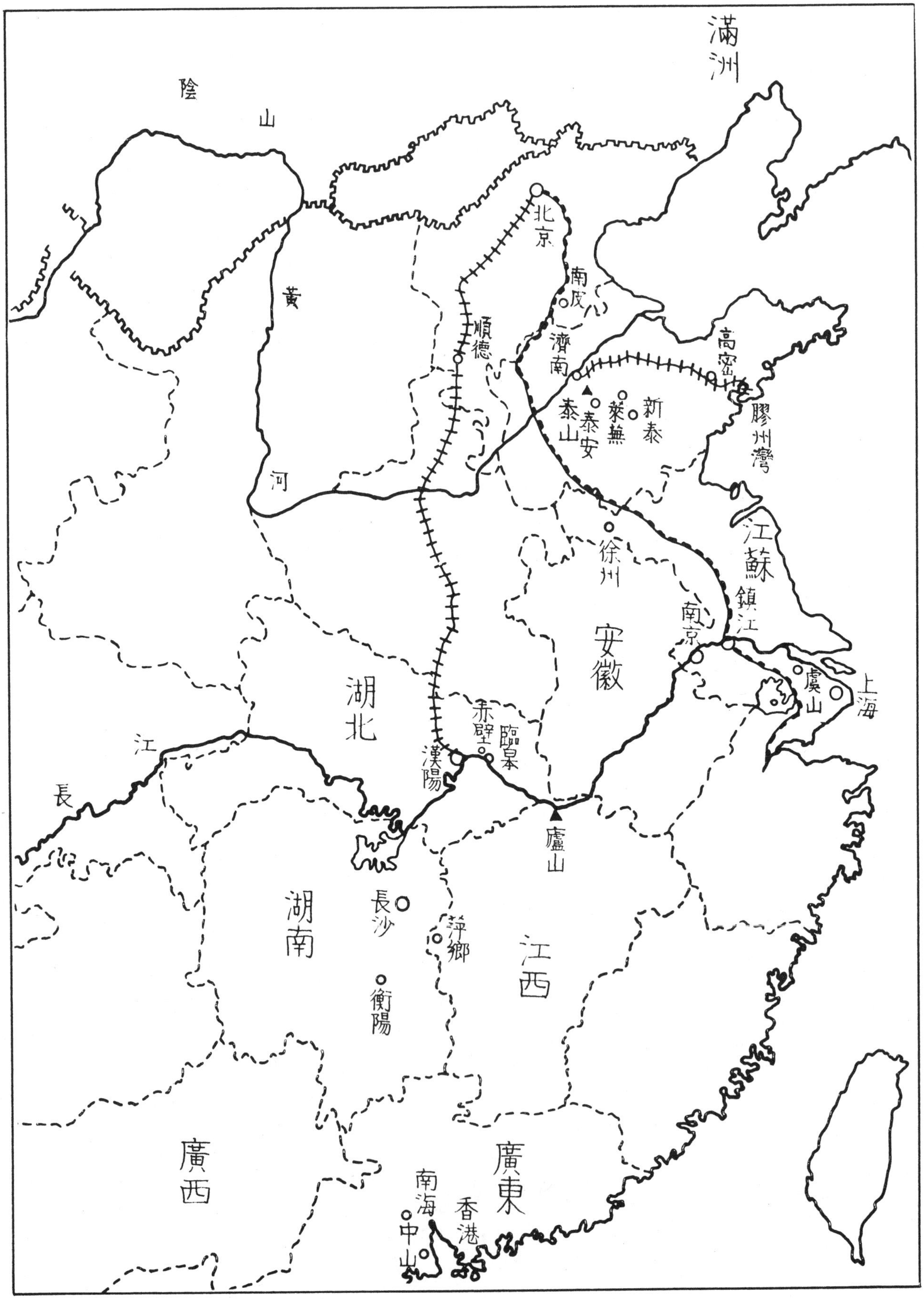

Map II。 Modern China.